아기가 진짜 잘 먹는 이유식

아기가 진짜 잘 먹는 이유식

초판 1쇄 발행 2021년 2월 22일

지은이 민아림
펴낸이 이인경
기획 및 감수 고수정
촬영 이지수, 백행일
푸드스타일링 및 요리 김미림, 최지연
편집 최원정
디자인 유어텍스트

펴낸곳 ㈜이지에이치엘디 주소 서울특별시 금천구 가산디지털1로 145, 1106호
전화 070-4896-6416 팩스 02-323-5049 이메일 help@10000recipe.com
홈페이지 www.10000recipe.com 인스타그램 @10000recipe 유튜브 www.youtube.com/c/10000recipeTV
네이버TV tv.naver.com/10000recipe 페이스북 www.facebook.com/10000recipe

출판등록 2018년 4월 17일

인쇄 ㈜홍인그룹

ISBN 979-11-964370-7-7 13590

ⓒ ㈜이지에이치엘디, 2021

이 책은 저작권법에 따라 보호를 받는 저작물이므로 문단 전재와 무단 복제를 금지하며,
이 책 내용의 전부 또는 일부를 이용하려면 반드시 저작권자와 ㈜이지에이치엘디의 서면 동의를 받아야 합니다.

* 만개의 레시피는 ㈜이지에이치엘디의 요리 전문 브랜드입니다.
* 잘못된 책은 구입한 곳에서 바꾸어 드립니다.
* 책값은 뒤표지에 있습니다.

다둥이 의사엄마의  똑소리 나는 이유식 솔루션

아기가 진짜 잘 먹는 이유식

민아림 지음

만개의레시피

프롤로그 ✦

첫 아이, 첫 이유식

'처음'이란 말처럼 기쁨과 근심이 교차하는 단어가 또 있을까요. 아이의 첫 이유식은 참 특별하지요. 입을 아~ 벌리고 담뿍담뿍 받아먹는 모습이 어찌나 귀엽고 사랑스러운지 모릅니다. 아이가 훌쩍 큰 것 같은 느낌도 늘고요. 하지만 막상 이유식을 만들기 시작할 생각을 하면 막막하기 마련이죠.

저 역시 그랬어요. 의사이기 전에 엄마로서 세 아이를 양육하는 동안 가장 어려움을 느꼈던 부분이 바로 아이들 이유식이었어요. 씻기고 입히고 재우는 것까지 어느 것 하나 쉬운 일이 없지만 태어난 지 몇 달 밖에 안 된 우리 아이가 처음 먹는 세상 음식을 만드는 것만큼 고민되는 것도 없더라고요. 지금도 진료실에서 많은 부모님들과 상담하다 보면 무엇을 어떻게 만들어 먹여야 할지 매일 고민의 연속이라고들 걱정을 털어놓으십니다. 저는 아토피 피부염 등 알레르기 질환 진료를 주로 보기 때문에 알레르기가 있는 아이의 부모님들이 많이 찾아오시는데요. 알레르기 질환이 있는 아이를 둔 부모님의 이유식 걱정은 더욱 크실 수밖에 없습니다.

"이유식 어떻게 만들지?"
"잘못 먹여서 탈이라도 나면 어떡하지?"
"이런 거 먹여도 될까?"
"지금 먹여도 될까?"
"어릴 때 이유식 잘못하면 아토피 생긴다던데?"

이렇게 식재료 준비부터 조리법까지 까다로운 이유식 때문에 고민하는 엄마들을 위해 개월 수에 따라 꼭 맞는 이유식을 단계적으로 하나하나 소개하였어요. 요리에 자신 없는 엄마도 쉽게 따라 만들 수 있도록 요리과정의 상세 사진과 쉬운 설명, 친절한 요리팁까지 담았습니다. 아토피가 있는 아이나 아픈 아이들이 먹기에 적합한 이유식 소개도 빠뜨리지 않았답니다. 그간 상담하였던 내용을 토대로 부모님들이 가장 궁금해하는 질문들에 대한 대답을 빠짐없이 담기 위해 노력하였고요. 단계별로 꼭 필요한 이유식 정보와 이유식 식단도 정리하여 담았습니다.

우리 아이에게 해당하는 개월 수를 찾아 펼치고, 보고, 따라해보세요. 초보엄마도 영향 균형을 맞춘 맛있는 이유식을 쉽고 빠르게 만드실 수 있으실 거예요.

세상 가장 사랑스러운 아가의 엄마가 되신 걸 축복합니다.

민아림

◇ 차례 ◇

프롤로그 첫 아기, 첫 이유식 004

Part 1 튼튼 이유식 기초 가이드

이유식은 난생 처음이에요	014
단계별 이유식 양과 횟수가 궁금해요	016
단계별 이유식 상태와 농도가 궁금해요	018
이 음식, 언제부터 먹일까요?	020
고기, 어떻게 먹일까요?	025
알레르기가 걱정돼요	028
아기 영양제, 필수일까요?	032
너무 크거나 너무 작은 아기, 어떻게 먹여야 할까요?	034
아토피인 우리 아기, 어떻게 먹여야 할까요?	035
아기가 아토피인데, 시판 이유식을 먹여도 될까요?	039
아이가 아파요	041
아기 목에 음식이 걸렸어요!	043
이유식 먹는 습관, 어떻게 들여야 할까요?	044
잘 안 먹는 아이, 어떻게 해야 할까요?	046
아기 양치, 어떻게 해야 할까요?	048
이유식 필수 아이템	050
이유식 조리기구	052
이유식 재료 손질법	054
이유식 육수 만들기	060
남은 소고기, 닭고기로 소보로 만들기	062

Part 2 초기 1단계 이유식 | 만 4~5개월 |

o	초기 1단계를 시작하기 전에	066
1	쌀미음	068
2	양배추미음	070
3	브로콜리미음	072
4	콜리플라워미음	074
5	감자미음	076
6	단호박미음	078
7	찹쌀미음	080
8	흑미미음	082
9	차조미음	084
10	기장미음	086
11	애호박미음	088
12	오이미음	090
13	고구마미음	092
14	사과미음	094
15	배미음	096

초기 2단계 이유식
| 만 5~6개월 |

○	초기 2단계를 시작하기 전에	100
1	소고기미음	102
2	단호박 양배추미음	104
3	소고기 양배추미음	106
4	단호박 브로콜리미음	108
5	소고기 브로콜리미음	110
6	닭고기미음	112
7	닭고기 브로콜리미음	114
8	닭고기 단호박미음	116
9	무미음	118
10	소고기 무미음	120
11	닭고기 무미음	122
12	애호박 고구마미음	124
13	소고기 단호박미음	126
14	소고기 애호박미음	128
15	닭고기 애호박미음	130
16	차조 바나나미음	132
17	소고기 당근미음	134
18	닭고기 당근미음	136
19	당근 사과미음	138
20	당근 배미음	140
21	고구마 청경채미음	142
22	소고기 청경채미음	144
간식	단호박퓨레	146
간식	고구마퓨레	148
간식	배퓨레	150
간식	사과퓨레	152
간식	바나나퓨레	154

Part 4

중기 이유식
만 6~9개월

○ 중기를 시작하기 전에	158	
1 소고기 시금치죽	160	
2 검은깨 소고기죽	162	
3 감자 시금치죽	164	
4 닭고기 배추죽	166	
5 소고기 배추죽	168	
6 닭고기 밤죽	170	
7 새송이 두부죽	172	
8 소고기 새송이죽	174	
9 찹쌀 시금치죽	176	
10 소고기 완두죽	178	
11 소고기 콜리플라워죽	180	
12 닭고기 콜리플라워죽	182	
13 브로콜리 두부 닭고기죽	184	
14 소고기 미역죽	186	
15 연두부 배추죽	188	
16 닭고기 무죽	190	
17 닭고기 시금치죽	192	
18 흑미 시금치 소고기죽	194	
19 고구마 배 소고기죽	196	
20 대추 두부 닭고기죽	198	
21 고구마 브로콜리 소고기죽	200	
22 감자 애호박 닭고기죽	202	
23 고구마 당근 닭고기죽	204	
24 표고 밤 소고기죽	206	
25 단호박 무 닭고기죽	208	
26 연두부 당근 닭고기죽	210	
27 대구 시금치죽	212	
28 대구 브로콜리죽	214	
29 갈치 연두부죽	216	
30 밥솥 칸막이 이유식	218	
삼색채소죽 | 단호박죽 | 소고기 당근죽		
간식 단호박 사과퓨레	220	
간식 단호박푸딩	222	
간식 밤스프	224	

장염에 걸렸을 때 먹는 이유식

쌀죽	226
찹쌀죽	228
타락죽	230

Part 5 — 후기 1단계 이유식 | 만 9~10개월 |

○	후기 1단계를 시작하기 전에	234
1	대구 미역무른밥	236
2	갈치 애호박무른밥	238
3	소고기 무무른밥	240
4	소고기 시금치무른밥	242
5	닭고기 밤무른밥	244
6	소고기 양송이무른밥	246
7	청경채 두부무른밥	248
8	소고기 가지무른밥	250
9	닭고기 표고버섯무른밥	252
10	두부 브로콜리무른밥	254
11	가자미 가지무른밥	256
12	소고기 숙주 애호박무른밥	258
13	닭고기 당근 고구마무른밥	260
14	양파 고구마 브로콜리무른밥	262
15	닭고기 양배추 콩나물무른밥	264
16	소고기 파프리카 감자무른밥	266
17	소고기 애호박 콩나물무른밥	268
간식	단호박 감자부침	270
간식	고구마말랭이	272

Part 6 — 후기 2단계 이유식 | 만 10~12개월 |

○	후기 2단계를 시작하기 전에	276
1	소고기 미역진밥	278
2	보리 연두부진밥	280
3	소고기 부추진밥	282
4	소고기 애호박진밥	284
5	대구 콩나물진밥	286
6	가자미 김진밥	288
7	검은콩 당근 애호박진밥	290
8	닭고기 참깨진밥	292
9	닭고기 양송이 브로콜리 당근진밥	294
10	닭고기 팽이버섯 부추진밥	296
11	닭고기 숙주 애호박 현미진밥	298
12	닭고기 김 새송이진밥	300
13	닭고기 두부 느타리진밥	302
14	새우 당근 애호박 보리진밥	304
15	갈치 무진밥	306
16	된장 당근 애호박진밥	308
간식	밤만주	310
간식	바나나빵	312
간식	배콤포트	314
간식	사과요거트	316
간식	연두부샐러드	318

Part 7

완료기 이유식
| 만 12개월 이후 |

○	완료기를 시작하기 전에	322
1	진밥	324
2	표고 시금치덮밥	326
3	불고기덮밥	328
4	달걀 두부덮밥	330
5	치즈 고구마 채소덮밥	332
6	현미 소고기 채소밥	334
7	황태 버섯밥	336
8	표고 새우진밥	338
9	치즈 닭고기 가지 양파밥	340
10	잔멸치 미역밥	342
11	달걀주먹밥	344
12	우엉김밥	346
13	참치 유부초밥	348
14	잔치국수	350
15	닭칼국수	352
16	멸치 옥수수볶음밥	354
17	토마토 달걀볶음밥	356
18	소고기 무조림밥	358
19	돼지고기 잡채밥	360
20	채소비빔밥	362
21	콩나물 소고기국밥	364
22	새우완자탕	366
23	토마토파스타	368
24	닭고기 치즈리소토	370
25	함박스테이크	372
26	밥솥 칸막이 이유식 연두부밥 | 닭안심 영양밥	374
간식	약식	376
간식	바나나 아보카도셰이크	378
간식	감자 요거트샐러드	380
간식	요거트샐러드	382
간식	감자 치즈볼	384
간식	달걀 양파스프	386
간식	리코타치즈	388

튼튼 이유식

기초 가이드

이유식은
난생 처음이에요

이유식은 언제부터 먹이면 될까요?

이유식은 만 4~6개월 사이에 시작하면 됩니다. 의학적으로 개월 수를 따질 때에는 만으로 따지게 되지요. 1개월은 생후 30일 이후를, 6개월은 180일 이후를 의미합니다. 저의 아이 셋은 모두 이유식을 만 6개월 되기 1~2주 전쯤에 시작했어요. 초보엄마라면 어렵고 힘들게 느껴지겠지만, 월령별로 주의할 음식과 조리법을 잘 익혀두면 쉽게 이유식을 시작할 수 있답니다.

이유식을 꼭 해야 하는 이유는 무엇인가요?

생후 6개월까지는 엄마의 모유 또는 분유로 충분히 영양을 섭취할 수 있습니다. 하지만 이때부터 점차 다양한 음식으로 영양섭취를 해야 합니다. 영양학적으로도 필요하지만 음식을 씹고 넘기는 연습을 시키기 위해서라도 이유식은 반드시 필요하답니다.

모유수유와 분유수유의 시작 시기는 왜 다른가요?

일반적으로 어떤 형태의 수유를 하든 만 4~6개월 사이에 이유식을 시작하면 됩니다. 그런데 6개월간 다른 음식을 먹지 않고 모유만 먹이면 알레르기에 대한 보호 효과를 기대할 수 있기 때문에 이왕 완전 모유수유를 한다면 6개월간 모유만 먹다가 만 6개월경 이유식을 시작하는 것이 좋습니다. 분유수유를 하는 경우 4개월에 시작하여도 괜찮지만 부모에게 아토피, 천식, 알레르기 비염 등의 알레르기 질환이 있거나 아기에게 아토피, 분유 알레르기 등 알레르기 질환이 있다면 가급적 만 6개월 즈음 시작하실 것을 추천합니다.

무엇부터 먹이면 되나요?

보통 이유식은 쌀미음부터 시작합니다. 알레르기 발생 위험이 가장 적은 편이기 때문입니다. 쌀 미음 다음으로는 쌀에 다른 음식을 한 가지씩 섞어서 진행해주시면 돼요. 일반적으로 양배추, 브로콜리 등의 채소를 한 종류씩 섞어 시작하는 경우가 많은데 소고기를 가장 먼저 섞는 것도 괜찮습니다. 특히 만 6개월에는 고기를 먹어야 하기 때문에 6개월이 다 되어 이유식을 시작한 경우에는 쌀에 고기를 먼저 섞어서 시작한 후에 채소를 더해주어야 합니다. 이유식은 숟가락으로 주어야 하며 우유병에 넣어서 주는 것은 피해주세요.

이른둥이 이유식 시작하기

만약 아기가 너무 일찍, 작게 태어났다면 이유식을 언제 시작해야 하나 고민되실 텐데요. 일반적으로 36주 이후에 태어난 아기는 거의 만삭으로 태어난 아이와 큰 차이 없이 이유식을 진행하면 됩니다. 하지만 더 일찍 태어난 아기라면 교정연령을 고려하셔야 합니다. 교정연령은 미숙아의 경우 일찍 태어난 만큼 연령을 조정해서 계산하는 것을 말합니다. 만약 교정연령으로 만 6개월에 이유식을 시작하게 된다면 너무 늦어지기 때문에 성장 발달을 고려해서 교정연령 4개월 이후에 시작하는 경우가 많습니다. 물론 병원에서 담당 의사 선생님과 상의하여 시작 시기를 결정하는 것이 가장 바람직하겠지요?

단계별
이유식 양과
횟수가 궁금해요

이유식 양은 어느 정도로 줘야 하나요?

개월 수에 따라 정확히 양을 늘린다기보다는 아이가 먹는 만큼 자연스럽게 양을 서서히 늘려주시면 됩니다. 아기가 이유식을 잘 먹기 시작하면 빨리빨리 양을 늘리는 것도 괜찮아요.

초기 1단계 / 만 4~5개월
처음 시작할 때에는 이유식에 익숙해지도록 소개하는 정도로 먹이세요. 한 번 먹을 때 20~40㎖ 정도만 먹여도 괜찮습니다.

초기 2단계 / 만 5~6개월
하루 먹이는 양은 1회 50㎖ 이상 먹이는 것이 좋아요. 잘 먹으면 양을 점차 늘려가시면 됩니다. 하루 한 번 주시되 더 먹고 싶어하는 경우 하루 2번으로 늘리셔도 됩니다.

중기 / 만 6~9개월
만 6~7개월부터는 횟수를 하루 2번으로 늘려주실 수 있답니다. 분유를 먹고 있다면 분유량은 이유식 양만큼 조금씩 줄여주시는 것이 좋답니다. 물론 체중이 적게 나간다면 분유의 양을 일단은 좀 더 유지해보는 것도 괜찮아요. 체중이 많이 나간다면 평소에 물 먹는 양을 조금 더 늘리는 방법을 추천합니다. 하루 먹는 양은 1회 80~120㎖씩 2번을 기본으로 하며 잘 먹으면 양을 점차 늘려주세요. 분유의 양은 이유식 양이 늘어감에 따라 조금씩 줄여주셔야 합니다.

후기 / 만 9~12개월
만 9개월부터는 이유식 500㎖~600㎖, 분유 500㎖~600㎖ 정도가 기준입니다. 모유를 먹는 아이의 경우 모유량을 정확히 알 수 없으므로 체중을 관찰해 먹는 양을 유추해보면 됩니다. 이유식 양이 적당하고 체중이 적정하다면 안심하고 모유를 먹이세요.

모유와 분유량은 어떻게 조절해야 하나요?

간혹 분유통에 돌 때까지 하루 1,000㎖씩 먹이라고 써있다며 이유식을 먹이면서도 분유를 꼬박꼬박 1,000㎖씩 먹여 우량아로 키우는 분이 있습니다. 이유식 양이 늘어나면서 분유량도 점차 줄여주어야 합니다. 만 6개월 된 아기의 적정 분유량은 하루 800~900㎖이며 가급적 1,000㎖를 넘기지 않는 것이 좋습니다. 일반적으로 9개월이 되어 이유식을 150㎖ 이상씩 하루 3번 먹게 되면 분유는 500~600㎖ 정도만 주시면 됩니다.

	초기 1단계 만 4~5개월	초기 2단계 만 5~6개월	중기 만 6~8개월	후기 1~2단계 만 9~11개월	완료기 만 12개월 이후
이유식 양	20~40㎖씩 하루 한 번	40~60㎖씩 하루 한 번	80~120㎖씩 하루 두 번	150~200㎖씩 하루 세 번	150~200㎖씩 하루 세 번
분유 또는 모유 양	800~900㎖	800~900㎖	700~800㎖	500~600㎖	생우유 400~500㎖

이유식을 시작할 때, 하루 중 언제 먹일까요?
이유식은 처음에 하루 한 번 먹으면 되는데 혹시 알레르기가 있을 때 대처하기 좋도록 오전에 먹이는 것이 좋습니다.

단계별 이유식 상태와 농도가 궁금해요

처음에 이유식 입자 크기는 어느 정도가 좋을까요?

만 4개월에 이유식을 시작하는 경우라면 아기가 적응할 수 있도록 곱게 갈아서 체에 거른 후 주시는 것도 괜찮습니다. 하지만 만 5개월 이후에 시작한다면 굳이 체에 거르지 않아도 됩니다. 물론 아기가 먹다가 자주 사레 들리며 캑캑댄다면 만 5개월까지는 체에 거르셔도 됩니다. 다만 고기를 시작하면서는 체에 거르다 보면 고기 덩어리는 걸러지고 육즙만 통과하는 경우가 많기 때문에 만 6개월부터는 곱게 갈되 체에 거르지 않아야 합니다.

이가 안 났는데 이유식 입자가 커도 될까요?

평균적으로 아이들은 6개월 경에 첫 이가 나기 시작하고 돌 때 6개 정도 나지만 빠른 아이는 4개월에, 늦은 아이는 15개월에 첫 이가 난다고도 합니다. 이유식은 질긴 고깃덩어리같이 이가 꼭 필요한 음식이 아니라 어느 정도 다지고 푹 익힌 음식이기 때문에 잇몸으로 충분히 씹을 수 있으며 소화기관을 거치면서 충분히 소화됩니다. 이가 안 났다고 해서 너무 묽게 주면 영양가가 떨어질 수 있으니 너무 걱정하지 마시고 이 나는 여부와 상관없이 개월 수에 맞게 이유식을 진행하세요.

단계별 이유식 입자 크기와 농도

	초기 (만 4~6개월)	중기 (만 6~8개월)	후기 (만 9~11개월)	완료기 (만 12개월 이후)
쌀	**미음** 불린 쌀과 물의 비율이 1:8~10인 8~10배죽 믹서기에 곱게 갈거나 으깨어 끓여요.	**죽** 불린 쌀과 물의 비율이 1:7인 7배죽 믹서기나 절구를 이용해서 1/3 크기로 으깨거나 갈아서 끓여요.	**무른밥 또는 진밥** 불린 쌀과 물의 비율이 1:4~5인 4~5배죽 쌀알 1/2 크기로 으깨거나 쌀알 그대로 끓여요.	**진밥** 2배죽에서 어른 밥으로 가는 단계 쌀알 그대로 사용해요.
소고기	익힌 소고기를 곱게 칼로 다진 후 절구에 한 번 더 으깨어 사용해요.	익힌 소고기를 3mm 크기로 썰어요.	익힌 소고기를 5mm 크기로 썰어요.	8~10mm 크기로 썰어요.
닭고기	익혀서 곱게 칼로 다진 후 절구에 한 번 더 으깨어 사용해요.	익힌 닭고기를 3mm 크기로 썰어요.	익힌 닭고기를 5mm 크기로 다져요.	8~10mm 크기로 다져요.
고구마	익혀서 곱게 다져요.	익혀서 3mm 크기로 썰어요.	익혀서 5mm 크기로 썰어요.	8~10mm 크기로 썰어요.

기초 가이드

이 음식, 언제부터 먹일까요?

개월 수에 따라 꼭 추가해야 할 식재료가 있나요?

아기는 소화기능이 미숙해 소화시킬 수 있는 음식의 가짓수가 제한적이에요. 또한 어릴수록 알레르기를 일으킬 확률이 높은 음식이 많죠. 그래서 알레르기의 위험이 적은 음식으로 이유식을 시작한 후 차츰차츰 먹을 수 있는 음식의 제한을 풀어 점진적으로 다양한 음식을 접하는 것이 중요합니다. 개월 수에 따른 필수 식재료가 있다기보다는 구하기 쉽고 사용하기도 쉬운 재료 가운데 부모가 다루기 친숙한 것들을 시기에 맞추어서 다양하게 사용하면 됩니다. 다만 충분한 철분 섭취를 위해 동물성 식품을 적절히 추가해야 하는데요. 4~6개월 사이에 소고기, 6~7개월에 닭고기와 달걀 노른자, 9~10개월에 흰살 생선을 사용하기 시작하면 좋겠습니다.

소금과 설탕 간은 언제 할까요?

가급적이면 아이들이 간이 되지 않은 음식에 익숙해져 음식 본연의 맛에 집중하도록 이끌어주세요. 소금, 설탕을 너무 빨리 사용하면 아이의 신장에 부담이 될 수 있습니다. 따라서 돌 전에는 소금, 설탕을 전혀 사용하지 마세요. 돌 이후부터는 간을 조금 해도 되지만 가급적 두 돌까지는 쓰지 않거나 최소한으로 사용하는 것이 좋습니다.

과일이 먼저인가요? 채소가 먼저인가요?

일반적으로 만 6개월부터는 사과, 배, 자두와 같은 과일을 시작할 수 있습니다. 하지만 채소의 맛에 익숙해지기 전에 과일의 단맛에 먼저 익숙해지면 채소를 싫어하게 될 수도 있어요. 따라서 어느 정도 이유식을 잘 먹기 시작한 후에 과일을 주는 것도 괜찮습니다.

어떤 채소부터 쓸까요?

시작하는 채소로 저는 브로콜리, 콜리플라워, 양배추, 감자, 고구마를 추천드립니다. 그 다음에 애호박, 시금치, 청경채, 비타민 등 초록색 이파리 채소를 추가해 주시는 것이 좋아요. 시금치, 청경채, 당근, 비트 등은 질산염이 많은 편이라 만 6개월 이전에는 사용하지 않는 것이 좋습니다. 뿐만 아니라 녹색잎 채소는 다른 채소에 비해 알레르기를 일으킬 확률이 약간 더 높습니다. 먹여 보아 이상이 없다면 상관없으나 알레르기 가족력이 있거나 아토피가 있다면 초록색 채소는 만 7개월 이후에 시작하시기를 추천드립니다.

녹색 잎 채소는 만 6~7개월 이후에 사용하세요.

 당근이 응가로 나와요

당근은 상당히 딱딱하기 때문에 충분히 조리하지 않으면 소화시키지 못하고 그대로 배출되는 경우가 많아요. 다른 음식과 같은 시간 동안 조리하면 흡수되지 못할 수 있기 때문에 당근은 이유식 조리 전에 미리 익힌 후에 잘게 다져서 이유식 식재료와 섞어 사용하는 것이 좋습니다.

어떤 과일부터 먹일까요?

사과, 배, 자두부터 먹여보실 수 있답니다. 다만 껍질이 목에 걸릴 수 있으니 껍질은 완전히 제거하고 과육만 갈아서 먹여주세요. 과일의 단맛에 익숙해지면 채소를 거부하는 경우도 있으니 일단 채소가 들어간 이유식을 먼저 접하게 한 다음에 과일을 주시는 것도 좋습니다.

초기에 사과, 배, 자두를 무리 없이 먹었다면 알레르기가 없는 아이들은 다른 과일들도 조심스럽게 먹여볼 수 있습니다. 하지만 알레르기가 있는 아이들은 귤, 오렌지와 같이 신 과일과 딸기, 키위같이 씨가 있는 과일, 복숭아 등을 돌 전에 먹으면 알레르기를 일으키는 경우가 종종 있으니 돌 이후에 천천히 먹여보는 것이 좋답니다.

달걀 노른자와 흰자, 언제부터 시작하나요?

달걀 노른자는 만 6~7개월 사이에 먹기 시작하면 됩니다. 흰자는 만 9~10개월부터 시작할 수 있으나 알레르기 질환이 있는 경우 돌 이후에 먹이는 것을 추천합니다. 노른자를 아기에게 처음 줄 때 생달걀 채로 흰자와 노른자를 분리하다 보면 흰자가 약간 섞여 들어갈 수 있어요. 따라서 일단 달걀을 삶은 후에 노른자를 분리한 다음 다져서 이유식에 넣는 것이 좋습니다.

생우유와 두유, 언제부터 시작하나요?

생우유는 돌 이후 시작해볼 수 있으며 하루 400~500㎖ 정도 먹이면 좋습니다. 두유도 돌이 지나면 먹어도 괜찮으나 아기용 두유도 비교적 단맛이 많이 나고 과다 복용 시 호르몬에 영향을 주는 경우가 있을 수 있어서 가끔 외출할 때 간식으로 하나씩 주는 정도가 적당합니다.

밀가루는 언제부터 먹일까요?

밀가루는 만 6개월 정도부터 시작하세요. 우리나라의 이유식은 대부분 쌀을 베이스로 하기 때문에 초기에 밀가루를 접할 기회가 거의 없지요. 하지만 너무 늦은 시기에 밀가루를 접하는 것보다 오히려 만 6개월 정도에 밀가루를 소량씩 먹이면 밀가루 알레르기가 덜 생긴다는 논문들이 나오고 있답니다. 따라서 만 6개월이 되면 한 번씩 밀가루를 소량 이유식에 섞어서 먹여보세요. 빵이나 국수 같은 음식은 다른 여러가지 첨가물이 있을 수 있어요.
추천드리는 방법은 이유식을 만들 때 밀가루 한 꼬집을 이유식 재료에 넣어서 함께 끓여서 먹여보는 것입니다. 식재료를 바꿀 때 밀가루도 같이 추가하면 알레르기가 생겼을 때 어떤 음식 때문인지 알 수 없으니까 새 재료를 3일 정도 먹인 후 괜찮으면 4, 5일째에 그 재료에 밀가루를 섞어서 먹여보는 방식으로 진행하면 됩니다. 혹시 알레르기가 발생한다면 일단 중단하는 것이 좋습니다.

물은 언제부터 먹일까요?

일반적으로 모유나 분유가 주식인 만 6개월까지는 물을 따로 먹일 필요가 없어요. 이유식을 시작한 이후에는 물을 조금씩 먹일 수 있습니다. 다만 저체중인 경우 물을 너무 많이 먹이면 모유나 분유 수유량이 줄어들 수 있으므로 조심해야 해요. 정해진 물의 양은 없습니다. 만 7~8개월 이후에는 아기 근처에 물을 항상 가져다 놓고 아이가 목마를 때 찾아 마실 수 있게 하면 좋습니다.

 아이 물은 보리차로 줘야 하나요?

아기의 물은 끓여서 식힌 물이 좋습니다. 굳이 보리차와 같은 차를 끓이실 필요는 없고 맹물을 그대로 끓여서 식히는 것만으로도 충분합니다. 보리차를 먹이면 안 되는 것은 아니지만 보리차를 먹다 보면 수유량이나 이유식량이 줄어들 수 있기 때문에 맹물을 추천합니다.

꿀을 먹여도 될까요?

꿀은 돌 전에는 절대 먹이면 안 됩니다. 꿀에는 클로스트리디움 보툴리눔이라는 균의 포자가 들어있을 수 있는데 이 독소는 돌 전의 영아가 먹게 되면 신경마비, 호흡곤란 등의 증세가 생길 수 있으며 심하면 사망에까지 이를 수 있습니다. 실제로 2017년 일본에서 꿀이 들어간 이유식을 먹은 생후 5개월의 영아가 호흡곤란 및 경련 증세를 보이다가 사망한 케이스가 있습니다. 큰 아이와 성인은 소화액으로 이 세균이 죽지만 장 발달이 미숙한 돌 전 아기들은 이 세균을 죽일 수 없는 경우가 있기 때문입니다.

통곡물, 어떻게 먹여야 할까요?

일반적인 곡물은 겨와 씨눈을 제거하는 도정 과정을 거치게 되는데요. 통곡물은 겨와 씨눈을 제거하지 않은 상태의 곡물을 의미합니다. 도정 과정을 거치지 않아 각종 무기질과 식이섬유가 풍부하게 함유되어 있지요. 다만 이러한 통곡물은 도정을 거친 곡물보다 거칠기 때문에 소화 흡수가 잘 되도록 충분히 익히고 잘 갈아서 사용해 주어야 한답니다. 많이 사용하는 통곡물로는 현미와 외국에서 이유식에 많이 사용하는 오트밀 등이 있습니다.

 의사맘의 이유식 Tip

이유식으로 선식을 먹여도 될까요?
다양한 곡식이 섞여 있는 선식이나 미숫가루는 대표적인 알레르기 유발 음식입니다. 돌 전에는 먹이지 않도록 유의해주세요.

떡을 먹여도 될까요?
찰떡은 기도를 막을 수 있기 때문에 피해주세요. 완료기 이후에 부드러운 설기 떡 위주로 조금씩 먹여볼 수 있으며 반드시 보호자가 보는 곳에 앉아서 먹을 수 있게 해주세요.

고기, 어떻게 먹일까요?

만 6개월 이후부터는 반드시 소고기나 닭고기 등 고기류를 매일 먹여주세요. 이때 고기 육수만 주는 것은 아무 도움이 되지 않으며 고기 덩어리를 다져서 주어야 합니다. 만 5개월 이후에도 이유식을 체에 걸러주는 분이 많은데 체에 거르다 보면 고기가 대부분 걸러지게 되죠. 4개월 초에 시작할 경우 초기는 고기를 체에 거를 수도 있지만 만 5개월 이후라면 곱게 간 고기는 굳이 체에 거를 필요 없이 그대로 먹이면 돼요. 고기를 충분히 먹이지 않으면 철분 부족으로 빈혈이 올 가능성이 있습니다. 한창 두뇌가 발달되는 시기에 빈혈이 오면 두뇌 발달 및 성장이 지연될 가능성이 있으니 유의해야 합니다.

소고기는 안심과 우둔살처럼 기름기가 적은 부위를 사용하세요.

고기는 언제 시작하나요?

기름기 없는 소고기의 경우 만 4~6개월 사이 언제 시작하셔도 괜찮아요. 간혹 채소 미음을 한참 먹인 후에 고기 미음으로 넘어가는 경우가 있는데 굳이 그렇게 하지 않고 초기부터 고기를 먹인 후에 채소를 하나씩 추가해 먹이는 것도 좋습니다. 특히 만 6개월 정도에 이유식을 시작한 경우에는 반드시 채소 전에 고기부터 추가해주세요.

고기 양은 어느 정도 주면 되나요?

초기에는 사실 미음에 가깝기 때문에 어떤 재료도 하루 5g 정도밖에 안 들어갑니다. 하지만 만 7개월에는 고기를 하루 손가락 1개 분량(15g), 8개월에는 손가락 2개(30g), 돌 때는 손가락 3개 분량(45g) 이상 넣어주셔야 합니다.

소고기는 어느 부위를 사용하나요?

간혹 아기에게 좋은 고기를 주고 싶은 마음에 등급이 높고 '마블링(근내 지방)' 함량이 많은 고기를 사용하는 분들이 있는데 이런 고기는 아기가 먹기에는 기름기가 너무 많아요. 안심이나 우둔살같이 기름기가 적은 부위를 선택해주세요.

닭고기는 언제 시작하나요?

닭고기도 초기부터 시작할 수 있는 고기입니다. 다만 소고기보다는 철분이 다소 부족한 편이기 때문에 소고기를 먼저 시작해주시고 중간중간 닭고기 이유식을 먹이면 됩니다.

돼지고기는 언제 시작하나요?

후기 또는 완료기부터 돼지고기의 기름기가 적은 부분을 사용해볼 수 있어요. 돼지고기는 비교적 기름기가 많은 편이기 때문에 초기부터 중기까지는 소고기와 닭고기 위주로 사용해주시고 후기부터 돼지고기의 기름기가 적은 부위를 먹이기 시작하면 됩니다.

생선은 언제 시작하나요?

생선도 알레르기의 원인이 될 수 있기 때문에 만 9개월이 지나서 먹이게 됩니다. 처음 생선 이유식을 시작할 때에는 흰살 생선부터 사용해볼 수 있어요. 가시가 들어가지 않게 조심히 살을 발라서 이유식에 넣어주면 됩니다. 단, 간이 되지 않은 생선을 사용해주세요. 돌 이후부터는 등푸른 생선, 어패류, 갑각류 등을 다양하게 시도해볼 수 있습니다. 그러나 참치나 연어와 같이 큰 생선들은 수은에 대한 부담이 있기 때문에 가급적이면 식탁에 한 마리를 통째로 올릴 수 있는 작은 생선을 더욱 추천합니다. 게, 새우, 가재 등의 갑각류 역시 돌 이후부터 시작하는 것이 좋답니다.

알레르기가 격정돼요

알레르기가 안 생기는 재료로만 이유식을 만드는 것은 불가능해요. 알레르기를 일으킬 가능성이 높은 재료를 제외해도 어떤 아이는 기본이 되는 재료인 소고기에, 어떤 아이는 이유식에 흔히 쓰이는 감자에 알레르기를 일으킬 수 있기 때문입니다. 피검사도 100% 정확한 것은 아니예요. 때문에 가장 중요한 검사는 식이 테스트입니다. 먹어보지 않고 미리 알 수는 없습니다. 따라서 어떤 재료에도 아이가 알레르기 반응을 일으킬 가능성은 열려있습니다. 또한 5일 정도 먹여보아 이상이 없다면 계속 괜찮을 가능성이 크지만 뒤늦게 발생하는 경우도 간혹 있을 수 있음을 늘 염두에 두셔야 합니다. 음식 알레르기임을 확인하려면 식사 일기와 피검사 등을 해볼 수 있어요. 알레르기 음식이 확인되면 당분간 그 음식은 제한하고 대체 가능한 식품으로 바꾸어주세요.

음식 알레르기의 증상이 궁금해요

보통 음식 알레르기는 두드러기와 구토 증상을 보이는 경우가 많습니다. 두드러기는 모기 물린 것처럼 빨갛게 크고 둥근 모양의 팽진이 몸에 나타나는 것입니다. 가려움증이 함께 나타나는 경우가 흔하죠. 또한 음식물 알레르기가 아토피 피부염으로 나타날 수도 있습니다.

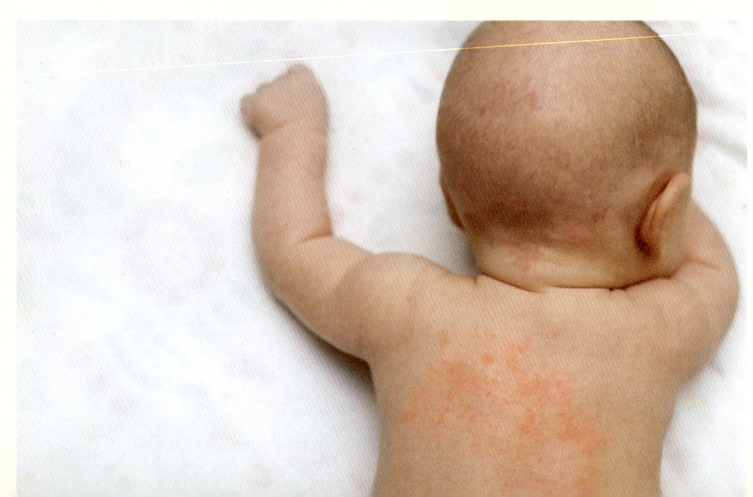

이유식 도중 알레르기가 생기면 어쩌지요?

보통 어떤 음식에 아기가 알레르기 반응을 보인다고 해도 좀 더 크면서 알레르기가 사라지는 경우가 많습니다. 아기가 처음부터 뭐든지 먹을 수 있지 않으므로 이유식 재료는 개월수에 따라 다른데요. 그 이유는 어릴수록 알레르기를 일으킬 확률이 높은 음식들을 배제하고 자랄수록 조금씩 새로운 음식을 추가해야 하기 때문입니다. 돌 정도 되면 음식에 알레르기를 일으킬 가능성이 현저히 낮아지기 때문에 대부분의 음식을 먹을 수 있게 됩니다. 이유식에 알레르기가 생긴다면 일단 개월수에 맞는 음식을 먹였는지 확인해보고 어떤 음식에 알레르기가 생겼는지 확인하세요.

알레르기 반응이 있던 음식은 평생 못 먹나요?

그건 아니에요. 알레르기를 일으킨 음식은 중단하였다가 2~3달 후에 다시 시도해보면 괜찮을 가능성이 많습니다. 또한 우유, 계란흰자, 밀가루 알레르기의 경우 돌이 지나면서 90% 이상 좋아진답니다. 두 돌이 지나면 대부분 좋아지고요. 저희 둘째 아이 역시 아기 때 분유 알레르기가 있었지만 18개월 이후부터는 우유를 먹어도 괜찮았답니다. 다만 견과류와 갑각류는 평생 가는 경우도 상당히 많아요. 어릴 때에는 괜찮다가 커서 알레르기가 발생하는 경우도 간혹 있고요.

처음엔 괜찮았는데, 갑자기 알레르기 반응이 생겼어요

어떤 음식을 먹었을 때 먹은 첫날부터 알레르기 반응이 나타나지는 않습니다. 보통 먹은 첫날, 몸에서 나의 적이라고 판단을 하게 되면 그 다음에 먹었을 때 공격을 하여 알레르기 반응이 나타나니까요. 따라서 2~3일 후에 알레르기 반응이 나타나므로 가급적이면 새로운 음식을 먹일 때는 3일간 먹여보도록 권유합니다. 이것저것 한꺼번에 추가하면 뭐가 원인인지 정확히 알 수가 없겠지요? 새로운 재료는 한 가지씩 추가해주세요. 만약 아토피나 음식 알레르기가 명확하게 있는 아기라면 5일 간격으로 새로운 음식을 먹여보는 것이 좋습니다.

쌀미음에 알레르기가 생겼어요

모든 아이에게 알레르기로부터 자유로운 음식은 없습니다. 비교적 흰쌀은 알레르기를 일으킬 확률이 적지만 간혹 쌀미음에 알레르기 반응이 나타난다는 아기들이 있는데요. 이유를 찾아보면 대부분 시판 쌀가루를 사용했기 때문입니다. 아무리 좋은 쌀가루라도 모든 쌀가루는 가공의 과정을 거치게 됩니다. 시판 쌀가루는 가공하는 과정에서 다른 물질이 섞일 수 있고 분쇄된 쌀은 지방이 산패되어 알레르기를 일으킬 수도 있습니다. 만약 아기에게 쌀미음 알레르기가 생겼다면 무농약 쌀을 구입해 조리 전에 갈아서 사용해주시는 것이 좋습니다.

쌀미음 알레르기가 있다면 무농약 쌀을 갈아 사용하세요.

알레르기 반응이 일어나는 음식이 너무 많아요

너무 많은 음식에 알레르기가 나타난다면 20분 이상 가열해주세요. 20분 이상 가열하면 알레르기 항원성이 상당부분 떨어지기 때문입니다. 한 가지 팁을 드리자면 냄비 앞에 20분 이상 서있기 힘드니 이유식 밥솥을 사용하면 편하답니다.

분유 알레르기가 있어요

만 3개월 이후에 아토피가 생겼다면 저는 제일 처음 분유 알레르기를 의심합니다. 이렇게 말씀드리면 신생아 때부터 아무 문제 없이 먹였던 분유가 왜 갑자기 지금 문제가 되냐고 묻는 엄마들도 있는데요. 만 3개월까지는 엄마의 면역으로 살다가 3개월 이후에 본인의 면역이 생기기 시작하면서 알레르기가 발생할 수 있기 때문이에요. 그래서 3개월 전후로 발생하는 아토피 역시 분유 알레르기를 의심해볼 수 있는 것입니다. 분유 알레르기가 있어 콩분유나 산양분유를 먹이는 경우가 있는데, 우유단백질에 알레르기가 있는 경우 콩단백질이나 산양유단백질에도 알레르기 교차 반응을 일으키는 경우가 많습니다. 때문에 가급적이면 우유단백질을 잘게 쪼개놓은 가수분해 분유인 HA분유를 사용해주세요. HA분유에도 알레르기 반응을 보인다면 아미노산분유를 먹여볼 수 있습니다.

유제품에 알레르기가 있어요

분유를 포함해 유제품에 알레르기 반응을 보이는 아기들이 종종 있습니다. 세상에는 우유가 들어가 있는 음식이 너무나 많아 걱정되시죠? 다행히 유제품 알레르기의 경우 돌이 지나면 많이 없어지며 두 돌이 지나면 거의 대부분 없어진답니다. 따라서 유제품을 두 돌 이후에 다시 먹여보시면 괜찮을 가능성이 높으니 크게 걱정하지 않아도 됩니다. 또한 우유를 그대로 마셨을 때 알레르기 반응이 일어나더라도 충분히 조리해서 먹는 음식에 첨가된 우유는 괜찮은 경우도 많답니다.

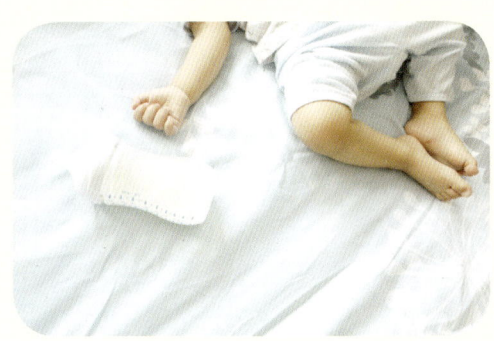

 아기 식사일기

어떤 음식에 알레르기가 있는지 가정에서 손쉽게 알아볼 수 있는 방법이 있는데요. 평소 아이들의 식단을 일기 형식으로 기록해보는 것입니다. 이것을 식사일기라고 하는데, 작성 방법은 매 끼니마다 어떤 음식을 먹었는지 자세히 쓰고 그날의 상태에 대해 기록하는 것입니다. 한 번에 몰아서 쓰다 보면 정보를 하나둘 빠트릴 수 있으니 식사 때마다 쓰는 것이 중요합니다. 식사일기는 하루 이틀 써서 원인을 찾아내기 어렵고, 최소 한두 달 이상은 꾸준히 써야 문제되는 음식을 가려낼 수 있습니다.

아기 영양제, 필수일까요?

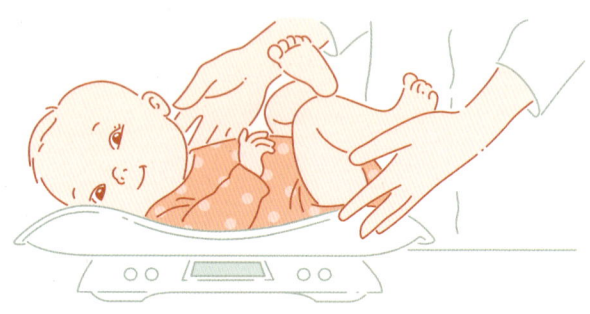

철분제를 먹여야 할까요?

출생 체중의 3배가 되면 태어나며 엄마에게 받은 철분을 상당히 많이 사용한다고 합니다. 일반적으로 출생 체중이 3배가 되는 시기는 만 9~12개월 사이입니다. 하지만 저체중으로 태어난 아기나 성장 속도가 너무 빠른 아기는 빈혈이 쉽게 올 수 있습니다. 이런 경우에는 액상 철분을 보충해주실 것을 추천합니다. 피검사를 한 후 보충하는 것도 좋지만 손가락 끝에서 살짝 피를 뽑는 검사는 정확도가 떨어지는 편이고 혈관에서 피를 뽑는 검사는 아기도 부모님도 검사자도 모두 힘이 듭니다. 이유식을 하는 시기는 아기들에게 약간의 생리적 빈혈이 있는 시기이며 통상 영양제에 포함된 하루 권장 섭취 용량으로 철분 과다가 일어나긴 어려우니 체중으로 미루어보았을 때 빈혈의 가능성이 있다면 피검사 없이 철분제를 보충하는 것도 가능합니다.

빈혈이 오면 어쩌지요?

한참 두뇌가 성장하는 시기에 빈혈이 오면 두뇌로 가는 산소 공급이 충분치 않아 장기적으로는 아이큐에까지 영향을 미칩니다. 따라서 아기에게 빈혈이 오지 않도록 신경을 써야 합니다. 무엇보다 빈혈 예방을 위해서는 철분이 많은 음식을 먹어야 해요. 특히 동물성 철분이 흡수가 잘 되는 편이니 만 6개월에는 반드시 소고기를 같이 먹이세요. 이유식을 조금 늦게 시작하는 경우라면 쌀미음 다음에 바로 소고기 미음을 먹이고 소고기에 채소를 하나씩 첨가하여 이유식을 진행해주세요.

비타민 D를 꼭 먹여야 할까요?

요즘 가장 핫한 비타민 중 하나죠. 비타민 D는 칼슘의 흡수를 도와 뼈를 튼튼하게 만드는 데 꼭 필요한 영양소입니다. 뼈가 충분히 튼튼해야 하는 성장기에 비타민 D가 부족하면 아무래도 좋지 않은 영향을 미칠 수 있습니다. 비타민 D는 햇빛을 통해 피부에서 합성이 됩니다. 하지만 우리나라 사람들은 비타민 D가 상당히 부족한 경우가 많습니다. 특히 긴팔, 긴바지를 입는 봄, 가을, 겨울에는 햇빛에 노출되는 면적이 적기 때문에 실외 활동을 많이 해도 실제로 합성하는 비타민 D의 양은 충분치 않을 수 있습니다. 뿐만 아니라 비타민 D 합성을 위해 선크림 없이 피부를 장시간 햇빛에 노출하면 피부 노화 및 암 발생의 우려가 있어요. 따라서 선크림은 바르고 비타민 D는 따로 먹는 것이 좋습니다. 다만, 분유를 하루 800㎖ 이상 먹는 경우 분유 안에 충분한 비타민 D가 함유되어 있기 때문에 따로 먹이지 않으셔도 됩니다. 모유수유를 하는 아기에게는 비타민 D를 먹이는 게 도움이 됩니다. 수유할 때 하루 한 번 가슴 끝에 한 방울 떨어뜨려 같이 먹이면 되고 그 이후는 이유식이나 밥에 한 방울 떨어뜨려 먹이면 된답니다.

정장제를 먹이면 좋을까요?

부모님들이 일반적으로 아이에게 가장 많이 먹이는 영양제가 정장제입니다. 유산균이라고도 하지요. 보통 정장제를 먹이기 시작하는 이유가 변비 때문인데 사실 변비에는 생각보다 큰 효과가 없을 수도 있습니다. 오히려 설사를 하는 경우에 좀 더 많은 효과가 나타난답니다.
'장은 제2의 뇌다', '면역세포의 70퍼센트가 장에 있다' 이런 얘기가 있을 정도로 요즘 장 건강이 주목받고 있습니다. 세계 알레르기 기구(WAO)에서는 부모 또는 형제가 알레르기성 비염, 천식, 습진, 식품 알레르기가 있어 알레르기 발생 위험이 높은 영아에게 습진 예방을 위해 프로바이오틱스를 사용할 것을 제안했습니다. 이는 장내 균총이 면역 및 염증 반응에 작용하여 알레르기와 염증을 조절하는 데 영향을 주기 때문입니다. 그래서 정장제는 임신 후반기에 엄마가 먹고, 아기는 생후 6개월이 될 때까지 먹으면 아토피 예방의 효과를 기대할 수 있답니다.

정장제 고르는 법

정장제를 고를 때는 좋은 균종으로 양이 충분해야 하며, 정장제의 먹이인 프리바이오틱스를 함유하고 있는 제품이 좋습니다. 임상시험을 거쳐 효능과 안전성이 검증된 제품을 선택하는 것이 좋고요. 6개월 미만의 아기에게는 신생아에게 허가된 유산균을 사용하는 것이 안전합니다. 일부 해외 직구 정장제 제품 중에는 정품이 아닌 경우가 상당히 많아요. 특히 유명 영유아용 액상 정장제를 먹이시는 경우에는 반드시 믿을만한 오프라인 판매처에서 구입하는 것이 좋습니다.

너무 크거나 너무 작은 아기, 어떻게 먹여야 할까요?

소아비만을 예방하는 이유식 섭취방법이 있을까요?

일반적으로 이 시기에는 기름지거나 칼로리가 높은 이유식을 먹는 것은 아니므로 이유식만으로 비만이 오는 경우는 드뭅니다. 이 시기에 발생하는 과체중은 분유 과다로 일어나는 경우가 많지요. 일반적으로 만 6개월에는 분유를 총 800~900㎖ 정도 먹게 되고 이유식 양만큼 분유를 천천히 줄여 나가야 하는데 간혹 분유만 먹는 시기에 분유를 하루에 1,000㎖ 이상 주었거나 이유식이 늘어나는데도 분유량을 줄이지 않는 경우 과체중이 일어나는 것입니다. 또한 과일을 너무 많이 먹었을 때도 체중 과다가 일어날 수 있습니다. 소아 성장 기준표를 참고해 과체중인지 짐작해볼 수 있는데요. 예방접종이나 영유아 검진을 할 때 체중을 측정해보세요. 너무 빠른 성장을 보인다면 병원에서 상담해보시는 것이 좋답니다.

아이가 작아서 걱정이에요

다른 아이들보다 작은 아이들이 있죠. 작은 아이들에는 여러 가지 원인이 있을 수 있는데요. 일단 일찍 태어나서 출생 체중 자체가 적게 나가는 아기는 따라잡기 성장에 2년에서 7년까지 걸릴 수 있습니다. 같은 개월 수의 다른 아기들보다 작더라도 성장 곡선을 꾸준히 따라잡으며 성장 정도를 확인해보세요. 병원에서 상담한 후에 성장 강화 분유를 먹여볼 수도 있습니다. 출생 체중은 괜찮았는데 크는 속도가 느린 경우도 있는데요. 유전적인 부분도 다소 영향을 줄 수 있고요. 먹는 것에 관심이 없는 아이들도 있습니다. 다만 성장 곡선을 따라가지 못하고 계속 체중 증가 속도가 감소하는 경우, 키와 체중이 5퍼센트 미만인 경우에는 혹시 호르몬 이상이나 기타 감염 등의 문제가 있지 않은지 병원에서 상담하고 필요한 검사를 진행해 보는 것도 좋습니다. 예방접종과 영유아 검진을 할 때는 체중 증가에 대해 확인해 보세요.

아토피인 우리 아기, 어떻게 먹여야 할까요?

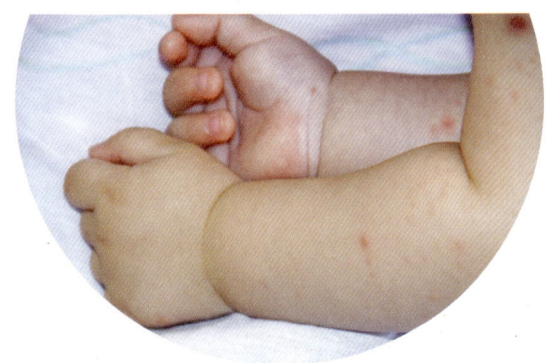

저는 의사이기 이전에 한때 어릴 적부터 아토피로 지독히 고생한 여학생이었고, 결혼을 한 후에는 아토피로 힘들어했던 세 아이의 엄마입니다. 아토피 피부염은 제게 있어 평생의 숙제이지요. 의사라고 하지만 마음이 급해지면 뭐든 찾아보게 되는 건 보통의 엄마들과 다름없답니다. 당장 힘들어하는 아이에게 뭐라도 해주고 싶은 것이 엄마의 마음이니까요. 아기의 아토피 때문에 힘든 엄마들을 위해 아토피 아기 이유식을 진행할 때 주의할 점들을 간략하게 정리해 보았어요.

언제 이유식을 시작할까요?

아기에게 아토피나 기타 알레르기 질환이 있다면 모유수유를 하는 것이 좋습니다. 6개월간 다른 음식을 먹이지 않고 모유만 먹였을 때 알레르기에 대한 보호효과가 다소 나타난다는 연구 결과도 있습니다. 따라서 모유수유를 하고 6개월 즈음 이유식을 시작하는 것을 추천드립니다. 분유를 먹는 아이들도 너무 빨리 이유식을 시작하면 알레르기가 일어날 수 있습니다. 다만 7개월이 지나서 시작하는 것은 알레르기 위험을 오히려 높일 뿐 아니라 영양학적 측면에서도 안 좋은 영향을 미치니 6개월 내외에는 시작해주세요.

새 음식은 어떻게 추가할까요?

아토피가 심하다면 새로운 음식을 추가할 때 5일 정도 간격을 두세요. 특히나 초반에는 5일간 같은 음식을 먹이세요. 중기 이후에는 이미 알레르기가 없는 것으로 알려져 있는 음식은 매일 바꿔 먹일 수 있으나 처음 먹여보는 음식이 있다면 괜찮은지 확인될 때까지 새로운 다른 음식은 추가하지 않는 것이 좋습니다.

아토피에 좋은 식재료는 무엇인가요?

평소 영유아 검진이나 아토피 피부염 진료를 보면서 이유식에 대해 잘못 알고 계시는 것들이 많아 안타까움을 많이 느꼈어요. 제가 아토피 클리닉을 하다 보니 특히 아토피 식단을 알려달라고 하시는 분이 많은데요. 사실 알레르기가 어려운 이유가 반응하는 음식이나 환경이 아이마다 다르기 때문입니다. 같은 음식을 먹어도 다른 아이들은 다 괜찮아도 우리 아이는 알레르기를 일으킬 수 있고 다른 아이들이 알레르기가 생겨도 우리 아이에게는 안 생길 수도 있습니다. 알레르기에 좋다는 음식을 찾아 먹이거나 안 좋다는 음식을 피하시는 것보다는 우리 아이에게 맞는 음식과 안 맞는 음식을 찾는 것이 무엇보다 중요합니다.

만 6개월, 이유식 시작하기

모유 수유, 분유 수유 상관없이 170~180일 경에 무농약 쌀을 조리하기 전에 바로 갈아서 20분 이상 끓인 쌀미음을 5일간 먹여 보세요. 그 다음에는 무농약 쌀에 안심이나 우둔살과 같이 기름기 없는 무항생제 쇠고기를 넣고 끓여서 5일간 먹여보세요. 처음엔 하루 한 번 오전에 먹이면 됩니다. 그 다음으로는 모든 이유식에 쌀과 쇠고기는 기본으로 들어가고 여기에 채소를 한 가지씩 넣어주시면 됩니다. 간격을 두고 추가해보아 특별한 증상이 없는 음식들은 일단 알레르기가 없는 것으로 생각하고 매일 바꿔 먹이셔도 무방합니다.

 아토피 아기 이유식 시작 핵심 정리
- 170~180일 경에 쌀미음부터 5일간 먹여보고 쇠고기를 추가한다.
- 소고기쌀미음을 기본으로 하고 5일 간격으로 채소를 추가한다.
- 채소는 브로콜리, 콜리플라워, 양배추, 감자, 고구마로 시작하고 다음으로는 애호박, 시금치, 청경채, (푹 익힌) 당근 등을 먹여본다.
- 새 음식을 먹이고 4일째에 밀가루 한 꼬집을 추가해본다.

만 7~8개월 아토피 아기 이유식

7개월에 새로 추가하길 추천하는 음식은 닭고기와 계란 노른자입니다. 이 시기 아기들의 성장과 발달에 필수적인 것이 철분인데요. 동물성 철분이 비교적 흡수가 잘 되는 편이라 매끼 고기를 반드시 주어야 합니다. 6개월에는 다양한 채소를 시도해보면서 알레르기를 일으킬 확률은 비교적 적고 철분 함량이 무척 높은 쇠고기를 베이스로 사용했다면 이제는 먹는 양이 늘어나 계란 노른자와 닭고기도 사용해볼 수 있습니다.

채소는 이미 알고 있는 알레르기 없는 채소들을 기본적으로 사용하면서 쇠고기에서 닭고기로 고기만 바꿔주세요. 메뉴가 보다 다채로워질 수 있습니다. 닭고기는 가급적이면 무항생제 닭고기를 사용해주시고 기름기가 적은 닭안심이나 닭가슴살을 사용하면 된답니다.

이 시기에도 '새 음식 추가는 3~5일 간격으로'라는 원칙은 지켜주셔야 해요. 오늘 처음 닭고기를 먹였는데 내일 계란 노른자를 먹이면 안 됩니다. 이미 알고 있는 채소들을 다양하게 활용하는 동시에 닭고기와 쇠고기를 번갈아 4~5일 정도 먹여보아 괜찮은 걸 확인하신 다음에 달걀 노른자를 새로 넣어서 확인해보세요. 이때에는 쇠고기, 닭고기가 모두 안전하다는 것을 확인한 후니까 쇠고기, 닭고기, 계란 노른자를 모두 번갈아 먹여보셔도 됩니다. 닭고기, 계란노른자까지 알레르기가 없는지 확인이 된 이후에는 또 다른 채소를 한 가지씩 시도해보세요. 계란노른자는 삶아서 흰자와 분리한 후 으깨어 사용하면 됩니다.

모유를 먹으면 정말 아토피가 예방될까요?

모유수유를 한다고 아토피가 안 생기는 것은 아닙니다. 다만 돌 전에 아토피가 생긴 아기 중 상당수가 분유에 알레르기를 보이는데 만약 분유 알레르기가 있는 아이가 분유를 안 먹고 모유만 먹는다면 알레르기가 있는 것도 모르고 지나갈 수 있지요. 아이가 어떤 음식을 모유를 통해 처음 접하면 항원으로 생각하여 공격할 가능성이 다소 줄어들 수 있다는 보고가 있으니 참고하세요.

만 9~11개월 아토피 이유식

만 9개월에는 흰살 생선을 추가할 수 있습니다. 웬만한 채소는 거의 다 사용해볼 수 있고요. 요즘은 전문가들의 의견이 계란 흰자나 다양한 과일들을 알레르기만 없다면 조금 일찍 시작하는 쪽으로 바뀌고 있지만 아토피가 있는 아이들은 워낙 음식 알레르기가 동반되는 경우가 종종 있다 보니 계란 흰자와 귤, 오렌지, 딸기, 갑각류는 가급적이면 돌 이후로 미뤄주시는 것이 좋습니다. 치즈나 요구르트도 9개월이면 보통 간식으로 먹는 경우가 많지만 아토피나 우유 알레르기가 있는 경우는 전문의와 상의 후에 시도해보시기를 추천합니다.

이 시기에는 하루 세끼를 먹고 아이에게 입맛이 생기다 보니 맛 없는 건 잘 안 먹어서 다양한 재료를 넣게 되는데요. 시판 이유식은 7~8가지씩 재료가 들어가기도 하더라고요. 하지만 아토피가 있는 아이들은 언제 알레르기 반응이 일어날지 알 수 없으니 웬만하면 한 가지 이유식에는 쌀과 고기 포함 5가지 재료를 넘기지 않도록 하세요.

아기가 아토피인데,
시판 이유식을
먹여도 될까요?

아토피 아기를 키우는 엄마는 더 바쁠 수밖에 없습니다. 하루 5번씩 보습 하느라 하루가 다 가는 것 같고 밤에 긁다 깨서 우는 아이와 실랑이하다가 잠도 잘 못 자는데 이유식 만든다고 또 몇 시간을 보내는 건 정말 힘든 일이지요. 그래서 시판 이유식을 고민하고 있는 분들도 많은데요. 시판 이유식을 권하지 않는 이유와 시판 이유식을 먹일 때 주의할 점을 정리했으니 참고하세요.

시판 이유식을 주의해야 하는 이유

1. 아토피 아기는 만 6개월이 다 되어 이유식을 시작해야 하기 때문에 철분 부족이 올 수 있어 고기가 매 끼니마다 들어가야 해요. 그런데 시판 이유식의 경우 초반에 채소 미음의 비중이 상당히 높은 편이에요.

2. 시판 이유식의 장점은 엄마가 집에서 만들어주는 것보다 다양한 재료를 사용해서 매 끼니마다 다른 음식을 먹일 수 있다는 것이겠지요? 하지만 아토피 아기의 경우 어떤 음식에 알레르기가 있을지 모르기 때문에 초반에는 가급적이면 같은 재료를 3~5일 정도 먹여보는 것이 좋아요.

3. 시판 이유식은 메뉴 이름에 2~3가지 재료가 들어가도 사실 그 안에 최소 5~6가지 재료가 들어간 경우가 많아요. 따라서 알레르기가 일어났을 때 어떤 재료 때문에 알레르기가 일어난 것인지 찾기가 비교적 힘들답니다.

시판 이유식을 먹일 때 확인할 점들

1 이유식 재료가 섞이지 않게 관리하는지 확인

이유식을 만들 때 재료와 조리도구를 철저히 구분해서 사용해도 미세한 가루 날림까지 차단하긴 쉽지 않습니다. 특정 재료에 대한 알레르기 수치가 너무 높아서 그 재료의 미세한 가루 날림만으로도 반응이 나타나거나 아나필락시스 반응이 있는 경우 시판 이유식은 피해주세요.

2 이유식을 선택할 수 있거나 주문 제작이 가능한지 확인

월별로 메뉴가 쭉 정해져서 나오는 이유식이라면 한 재료를 5일씩 먹여보기가 어렵죠. 같은 이유식을 5일치씩 구입해서 먹일 수 있는지, 또는 따로 주문하면 같은 재료로 된 이유식으로 길게 받을 수 있는지 확인해주세요. 시판 이유식을 먹이면서 5일간 같은 음식을 먹이는 것은 왠지 억울한 느낌이 들 수 있습니다. 하지만 우리 아이의 피부를 위해 다양한 음식에 대한 욕심은 살짝 내려놓는 것이 좋습니다.

3 알레르기가 있는 음식은 미리 알려주기

아이가 알레르기를 일으킨 재료는 반드시 업체에 알려주셔야 합니다. 그래야 해당 재료를 제외하고 음식을 만들 수 있습니다. 다만 주의하고 또 주의하겠지만 사람은 100% 실수가 없을 수는 없다는 것도 기억해주세요.

아이가 아파요

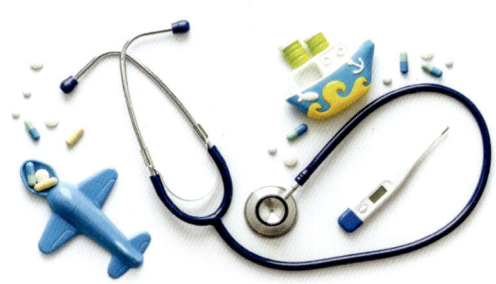

수족구, 구내염에 걸렸어요

수족구나 구내염에 걸리면 목이 무척 아픕니다. 특히 뜨거운 음식이나 신 음식, 간이 된 음식은 더 자극이 될 수 있기 때문에 간을 하지 않은 음식을 식혀서 주시는 것이 좋고 과일은 피해주세요. 간혹 밥을 전혀 못 먹는 경우에도 쌀과자는 먹는 경우가 있는데 이때에는 균형 잡힌 식사보다 아프지 않게 칼로리를 섭취하는 것이 우선이에요. 딱히 음식을 제한하지 마시고 아이가 먹는 것을 주세요.

설사를 해요 & 장염에 걸렸어요

설사를 할 때 굶기거나 흰죽만 먹는 경우가 있는데요, 오히려 식사를 통해 충분한 영양 공급을 하는 것이 더 빠른 회복을 돕습니다. 이때 채소나 과일은 피하고 수분 보충에 좀 더 신경써야 합니다. 다만, 먹으면 바로 구토나 설사를 계속 하는 경우, 이유식을 잠시 중단하고 병원에서 먹는 전해질보충제를 처방받아 먹일 수 있어요. 심한 경우는 수액치료를 해야 할 수도 있습니다. 설사가 심하지 않다면 지사제는 잘 사용하지 않아요. 정장제와 수분 보충만으로도 회복되는 경우가 종종 있으니까요.

변비가 생겼어요

모유나 분유만 먹다가 이유식을 시작하면 변비가 생기는 아기들이 생각보다 많습니다. 모유와 분유를 먹을 때에는 장에서 수분을 최대한 흡수해야 하는데 고형식이 들어오고 나서도 이전처럼 수분을 최대한 끌어들이기 때문에 그런 것이죠. 심하지 않은 경우라면 물을 충분히 먹이는 정도로 충분합니다. 하지만 변비가 정말 심해서 토끼 똥 같은 변을 너무 힘들게 본다든지 항문에 피가 난다면 변비약을 적절하게 사용하는 것도 필요합니다. 아기에게는 성인들처럼 자극성 하제를 사용하는 것이 아니기 때문에 의존성 걱정 없이 안전하게 사용할 수 있답니다.

단설소대(설소대 유착증)
모유수유가 어려운 아기 중에 혀를 살펴보면 혀 밑에 설소대가 발견되는 경우가 종종 있습니다. 신생아 시기에 발견하지 못한 경우 이유식을 시작하면서 입을 벌릴 때 혀 가운데가 말려 들어가며 하트 같은 모양을 볼 수 있게 되는데요. 이 설소대 유착증 때문에 간혹 충분히 혀를 움직이기 어려워 추후 발음 문제가 생길 수 있습니다. 돌 전에 시술을 하는 경우 마취 없이 간편하게 할 수 있기 때문에 단설소대가 의심되는 경우 빨리 병원에서 확인해보세요. 저의 세 아이는 단설소대가 없었는데 조카에게 발견되었어요. 수유할 때에도 엄마에게 유선염이 자꾸 생기고 통증이 있어 간단하게 설소대 시술을 해주었답니다. 너무 어린 아가에게 시술을 하게 되어 안쓰러운 마음에 고민을 많이들 하시는데 생각보다 시술이 무척 간단하니 걱정하지 마시고 병원에서 상담해보세요.

아기 목에 음식이 걸렸어요!

땅콩이나 호두 등 견과류는 사레들릴 수가 있어 아기에게 줄 때는 반드시 으깨거나 갈아서 주셔야 해요. 떡이나 맨빵도 주의해야 할 음식입니다. 이런 음식들이 아이 목에 걸렸을 때 손가락을 넣어 빼려다가 음식물이 더 깊숙이 박혀버릴 수 있는데요. 기도가 막히면 위험한 사고로 이어질 수 있으니 1세 미만의 영아를 위한 하임리히법을 미리 알아두셔야 해요.

1 | 상태 체크 및 119 신고

아기가 쉰 숨소리, 쉰 울음소리를 내거나 얼굴에 청색증이 관찰되면 기도 폐쇄로 판단합니다. 신속하게 119에게 응급신고를 하세요. 주변에 사람이 있다면 119를 불러달라고 요청합니다.

2 | 1세 미만 영유아 응급처치

- 한 손으로는 턱을, 다른 한 손으로는 아기의 뒤통수를 감싸서 천천히 안아 올립니다.
- 한 쪽 허벅지 위에 머리가 아래를 향하도록 엎드려 놓습니다. 손바닥 밑부분으로 등의 중앙부를 세게 5회 두드립니다.
- 턱과 뒤통수를 손으로 감싸 들어 올린 후 허벅지 위에 머리가 아래로 향하게 바로 눕힙니다.
- 양쪽 젖꼭지를 잇는 선의 중앙 부위의 약간 아래 부위에 두 개의 손가락을 위치시킵니다.
- 4cm 정도의 깊이로 강하고 빠르게 5회 눌러줍니다.
  의자에 앉아서 하면 올바른 자세로 등과 가슴을 보다 쉽고 정확하게 압박할 수 있습니다.
- 이물질이 나올 때까지 두 동작을 반복합니다. 이물질은 길게 앞으로 나와서 쉽게 꺼낼 수 있으면 제거해주는 것이 좋지만 무리해서 꺼내려다 더 깊에 박히는 경우가 많으므로 주의해야 합니다.

이유식 먹는 습관,
어떻게 들여야 할까요?

스스로 숟가락 사용하기

이유식을 먹기 시작하면 아기가 숟가락에 관심을 가질 수 있습니다. 이때 바로 아기용 숟가락을 따로 손에 쥐어주세요. 초기에는 사실 쥐기만 할 뿐 이유식을 떠서 입에 가져가는 것은 거의 불가능합니다. 줄줄 흘리기 마련이지요. 그래도 숟가락을 쥐는 것은 소근육 발달에 도움이 될 뿐 아니라 스스로 먹는 것을 연습할 기회이니 적극적으로 아이에게 숟가락을 쥐어주세요. 초기 이유식은 모유나 분유와 다른 음식을 먹는다는 의의도 있지만 고형식을 처음 접한다는 의미도 큽니다. 숟가락에 익숙해질 필요가 있으므로 젖병으로 먹이는 것은 피해주세요.

컵으로 마시는 연습하기

돌이 되기 전에 젖병은 떼는 것이 좋습니다. 따라서 적당한 시기에 컵 사용 연습을 해야 해요. 보통 이유식을 먹는 시기에 일반 컵은 손 협응능력이 떨어져서 사용하기 어렵고 빨대컵이나 스파우트 컵을 많이 사용하게 됩니다. 컵의 선호도나 컵을 이용하는 시기는 아이마다 다릅니다. 6개월부터 두 종류의 컵에 물을 넣어서 주면 처음에는 물고 장난치는 정도로 사용하다가 점차 스스로 익숙해질 거예요. 간혹 오래 걸리는 아이들도 있으니 조바심 내지 마시고 천천히 지켜봐주세요.

저희 첫째와 둘째는 이유식을 시작하면서 바로 빨대컵을 줬는데 처음에는 질겅질겅 씹다가 바로 잘 사용하여 물을 마셨어요. 그런데 셋째는 거의 10개월이 다 될 때까지 질겅질겅 씹기만 하고 빨지를 못하더라고요. 그래서 젖병이나 일반컵, 스파우트 컵 등으로 물을 먹였답니다. 그 시기에 다른 친구들은 하는데 우리 아이만 못하면 조바심이 날 수 있으나 빨대컵을 쓰고 못 쓰는 건 발달에 영향을 미치지 않으니 걱정하지 마시고 아이가 좋아하는 방법으로 물을 먹이면 됩니다.

하루 중 언제 먹이면 되나요?

일반적으로 이유식을 하루 1번 먹이는 초기 이유식 시기에는 오전에 먹이는 것이 좋습니다. 혹시 모를 알레르기가 발생해도 병원에 가서 대처하기가 비교적 수월하기 때문인데요. 다만 첫 끼니를 이유식으로 시작하는 것은 추천하지 않습니다. 일어나자 마자는 식욕이 다소 떨어질 수 있고 이유식은 모유나 분유보다 집중해서 먹어야 하기 때문입니다.

이유식을 하루 두 번 먹이는 시기에는 오전, 오후에 나눠 먹이면 되며 3번 먹을 때부터는 어른의 식사시간과 맞춰 먹이면 됩니다. 너무 배고프거나 배부를 때 먹이는 것은 피하세요. 모유나 분유는 빨리 배를 채울 수 있는 반면 이유식은 적은 양을 먹는 데 오랜 시간이 걸리기 때문에 너무 배가 고플 때 먹이면 아이가 짜증을 낼 수 있습니다. 배가 부른 상태에서 먹이면 이유식에 대한 관심도가 떨어지기 때문에 이 역시 피하시는 것이 좋답니다.

잘 안 먹는 아이,
어떻게 해야 할까요?

아이가 이유식을 잘 안 먹어요

이유식을 유난히 잘 안 먹는 아이들이 있어요. 안 먹는 원인은 다양한데요. 지루해서 안 먹는 경우도 있답니다. 아기들은 손에 뭔가를 쥐기 시작하면 뭐든 자기가 스스로 해보고 싶어 하는데요. 따라서 이유식 먹는 데 참여할 수 있게 하면 이유식에 재미를 느낄 수 있습니다. 스스로 잘 먹기는 힘들기 때문에 숟가락을 손에 쥐어주고 음식을 떠볼 수 있게 해주되 부모님이 먹이면서 스스로 먹는 연습도 같이 시켜보세요. 주의할 점은, 아이가 지루해 한다고 동영상을 보여주며 먹이는 것은 피해야 한다는 것입니다. 음식 본연의 맛에 집중하지 못하고 생각 없이 영상에 정신이 팔린 채 제한 없이 먹다 보면 과체중이 될 가능성도 있으며 습관이 잘못 들어 영상 없이는 밥을 먹지 않는 아이가 될 수 있기 때문입니다.

체중은 많이 나가는데 이유식을 잘 안 먹는 경우는 대부분 모유나 분유 섭취량이 많기 때문입니다. 특히 밤중 수유를 많이 하면 식욕이 떨어지게 되며 낮 동안 먹는 양이 줄어들 수 있으니 우선 밤중 수유를 중단해주세요. 총 분유 수유량은 그 시기에 먹어야 할 이유식의 양만큼 줄여준다고 생각하시면 된답니다. 모유를 먹는 경우라면 먹는 횟수를 제한하는 것도 좋습니다.

10개월 경이 되면 간혹 이유식을 입에도 안 대려고 하는 아이들이 있는데요. 이런 경우 이유식이 너무 묽지 않은지 확인해보고 진밥과 반찬으로 넘어가보는 것도 괜찮습니다. 어차피 질긴 고기는 안 주실 거니까요. 이유식에 사용하던 재료들 그대로 잘 다져서 사용하면서 수분만 조금 더 뺀다는 생각으로 주시면 됩니다.

아이주도 이유식이란 무엇인가요?

보통 이유식은 부모가 음식 재료를 선택해서 혼합하여 만든 다음 먹이기 때문에 아이에게는 무엇을 먹을지에 대한 선택권이 없지요. 아이주도 이유식은 아이가 스스로 주어진 음식을 선택하여 집어 먹는 형태의 이유식 방법입니다. 일반적인 이유식의 경우 식재료를 다져서 끓이지만 아이주도 이유식은 재료를 덩어리째 찌거나 삶아서 사용하게 됩니다. 먹여주지 않으며 아이가 스스로 음식을 선택하고 만지고 냄새도 맡고 맛을 보는 등 오감을 이용하여 이유식을 먹는다는 것이 장점입니다. 다만, 일반 이유식은 여러 가지 식재료를 골고루 섞기 때문에 맛 없는 식재료도 다른 맛있는 식재료에 숨겨서 골고루 먹일 수 있는 반면, 아이주도 이유식은 아이의 결정에 따르기 때문에 선호하지 않는 음식은 먹이기가 어렵다는 단점이 있습니다. 또한 손으로 잡고 통으로 먹어야 하기 때문에 음식 재료 선정에 다소 제한이 있습니다. 씹다 보면 큰 조각이 잘못 목에 걸려 숨이 막힐 수도 있어요. 이러한 기도 흡인을 방지하기 위해서는 부드럽게 푹 익혀주어야 하며 너무 어린 월령은 피해주시고 어느 정도 스스로 씹고 삼키는 것이 익숙해진 다음에 시도해보는 것이 안전합니다. 기도 흡인에 대처하기 위해 반드시 옆에서 아기가 먹는 것을 지켜봐주세요.

아기 양치, 어떻게 해야 할까요?

신생아라 아직 이가 없어요

이가 없는 시기에도 거즈로 잇몸과 볼을 닦아줄 수 있지만 필수는 아니랍니다. 저도 아이가 이 나기 전에는 특별히 구강 관리를 해주지는 않았어요. 입안에 우유 찌꺼기가 많이 끼어있을 때만 가끔 닦아주거나 따뜻한 물을 소량 먹이세요. 다만 우유 찌꺼기가 계속 심하게 끼는 것 같다는 생각이 드시면 아구창이 생겼을 가능성이 있으니 근처 병원에서 한 번 확인해보는 것도 필요하답니다. 예방접종 때나 영유아 검진 때 문의해보아도 좋고요.

첫 이가 났어요

첫 이는 보통 6개월부터 나기 시작합니다. 빠른 아이들은 4개월, 늦는 아이들은 돌이 지나서 첫 이가 나기도 하고요. 이가 나기 시작하면 가재 손수건으로 잇몸을 닦아주세요. 치아 전용 가재 손수건을 삶아서 충분히 식힌 후 손가락에 돌돌 말아서 잇몸 위아래를 모두 닦아주면 된답니다. 이가 날 때 가려워하거나 불편해 하는 아기들도 있는데 잇몸을 꾹꾹 눌러주며 마사지해주면 불편감이 줄어든다고 하니 참고해주세요. 어금니쪽 잇몸까지 다 닦아주시면 좋지만 저항이 심하다면 이가 나 있는 부분이라도 꼭 닦아주세요. 횟수는 먹을 때마다 닦아주는 것이 좋겠지요? 힘들다면 자기 전에는 반드시 닦아주시고 이유식 먹고 나서 한 번씩 닦아주면 좋습니다. 구강 티슈는 제품마다 다르지만 다양한 성분이 들어있을 수 있어 크게 추천하지 않습니다. 가급적이면 삶은 거즈나 가재 손수건을 이용하세요.

이가 8개 이상 났어요

이가 8개 이상 났다면 실리콘 칫솔로 교체하는 것이 좋습니다. 부드러운 실리콘 칫솔을 검지손가락에 끼우고 가볍게 잇몸을 마사지한다는 생각으로 닦아주세요. 여기에서 주의할 점은 양치 후에 물을 먹여야 한다는 것입니다. 보통 양치질을 하고 나면 물로 헹구어 뱉어내는데요. 아이는 뱉을 수가 없기 때문에 물을 먹이는 것이지요. 물을 먹이지 않으면 음식 잔여물이 치아에 계속 남아있을 수 있습니다.

어금니가 났어요

실리콘 칫솔로는 미세한 어금니의 홈까지 닦아낼 수가 없어요. 칫솔모가 있는 칫솔로 바꿔주어야 합니다. 일반적으로 두 돌 때까지는 치약을 꼭 쓰지 않아도 됩니다. 일단 칫솔로만 충분히 닦아준 다음에 역시 물을 먹여서 헹구어내는 것이 중요합니다. 다만 아이마다 치아 상태가 다르므로 이른 시기에 치약을 사용해야 하는 경우가 있을 수 있으니 정기적인 치과 구강검진을 통하여 아이의 이 상태를 확인하세요. 아이 치아에 맞는 양치 방법은 치과에서 상담받는 것이 가장 정확하답니다.

이유식 필수 아이템

아이가 이유식을 먹기 시작하면 필요한 아이템들이 있어요. 필수적으로 준비해야 할 것들과 쇼핑할 때 미리 알아두면 좋은 점들을 정리했으니 참고하세요.

실리콘 스푼

말랑한 재질의 실리콘 스푼이라면 좋겠지요? 이가 나기 시작하는 7개월부터는 이가 간지러워 스푼을 앙앙 물기도 하니 부드러운 실리콘 스푼은 필수 준비물 중 하나랍니다.

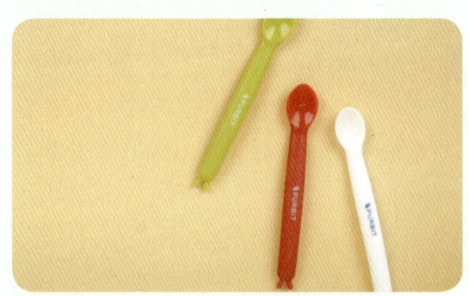

이유식 용기

아기는 조금씩 여러 번 먹기 때문에 조금씩 소분해서 담을 수 있는 보관통이 필요해요. 초기 이유식은 묽어서 흐르기 쉬우므로 밀착력 좋은 뚜껑이 있고 내열성이 강한 이유식 용기를 많이 사용하는데요. 집에서 보관할 때는 유리 재질로 된 글라스락 같은 용기에 보관해도 됩니다. 무게가 가볍고 가방 어디든 들어갈 수 있는 실리콘 재질이나 트라이탄 재질로 된 외출용 이유식 용기를 추가로 구매하시면 좋아요. 아기와 외출하려면 다른 짐도 많은데 이유식 용기까지 무거우면 안 되잖아요.

빨대컵

아기가 6개월이 접어들 때부터는 물을 먹이는 연습을 해야 한다는 사실, 알고 계셨나요? 아기가 물컵으로 물을 먹을 때까지 빨대컵으로 물 먹는 연습을 시켜주세요. 아기 빨대컵은 빨대가 아기 입에 들어갔을 때 위험하지 않은 실리콘 재질로 되어있고, 양손으로 집을 수 있는 것이 좋답니다. 보리차를 넣어 먹이는 경우도 있으니 세척이 편리하면 더 좋겠죠?

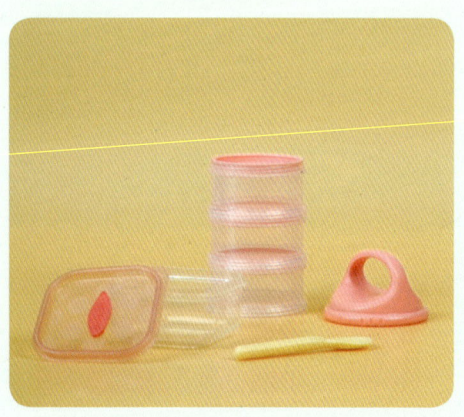

턱받이

매끼마다 빨래를 하고 싶지 않다면 꼭 있어야하는 필수품이에요. 턱받이는 2개 정도 구입하여 번갈아 사용하는 것이 좋아요. 방수 재질의 턱받이나 실리콘 재질의 턱받이 등 다양한 제품들이 많이 있어요.

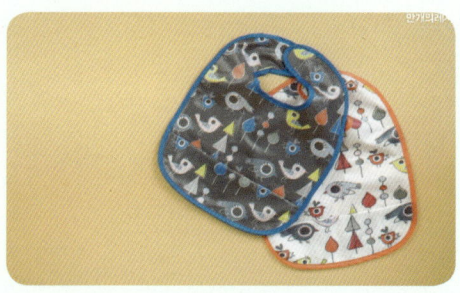

아이 식판

엄마가 먹여주는데 왜 식판이 필요하냐고요? 엄마가 주로 먹여주지만 아기가 어른들과 함께 식사하고 싶어하는 날이 생각보다 빨리 온답니다. 죽에서 진밥으로 넘어가는 시기에는 밥과 반찬을 따로 먹기 시작하며 식판으로 먹기 때문에 서서히 식판에 익숙하게 이끌어주세요. '나중에 밥을 먹을 때 즈음 식판을 쓰면 되지?'라고 생각하실 수도 있지만 나중에 식판에 밥을 먹게 될 때 거부감을 느끼지 않도록 이유식부터 천천히 아이 식판을 사용해보세요. 아이 식판은 미끄럼 방지가 되고, 옥수수 전분 PLA 등 안전한 재질로 된 것을 고르는 것이 좋습니다. 또한 가볍고 끝이 날카롭지 않게 마감처리 된 제품을 추천합니다. 던질 때 깨지지 않는 내구성을 가지면 더 좋겠죠?

큐브

이유식 재료를 1회 분량으로 나눠서 얼음틀에 얼려 보관하면 편리합니다. 쌀이나 채소는 믹서나 강판에 물을 섞어 간 다음 얼음틀에 얼리면 됩니다. 채소를 얼릴 때는 다진 후 한 번 먹을 분량씩 얼음틀이나 작은 큐브에 넣어 얼려요. 이때 물이나 육수를 조금 넣어 얼려야 모양도 잘 유지되고 쉽게 빼서 쓸 수 있어요.

아기 식탁 의자

아기가 떨어지지 않도록 만들어진 의자예요. 사용 가능 연령은 몇 세까지인지, 높이 조절이 되는지, 인체에 무해한 소재로 만들어졌는지 등을 고려해서 고르시면 됩니다. 특히 식판 분리가 가능한 의자는 어른 식탁에서 함께 먹을 수도 있으니 편리합니다.

이유식 조리기구

칼 & 도마

이유식용으로 따로 준비하시는 것이 위생상 좋아요. 채소·과일용과 고기·생선용을 따로 구분해서 사용하시면 세균 오염을 방지할 수 있어요. 향균 작용을 하는 실리콘 도마와 세라믹으로 된 칼을 추천합니다. 소량의 재료로 조리하는 이유식은 무거운 도마보다 실리콘 재질의 가볍고 유연성이 있는 도마가 편리하답니다. 세라믹 칼은 재료를 손질할 때에 영양소 손실을 최소화하기 때문에 이유식 용으로 적합합니다.

냄비

이유식은 적은 양을 만들기 때문에 1ℓ 이내의 냄비를 사용하는 것이 적당해요. 주로 끓이는 과정이 많은 이유식은 일체형으로 된 손잡이 냄비를 사용하면 편리하답니다. 열 전도율이 좋고 뚜껑이 있는 일체형 스테인리스 냄비나 법랑냄비를 추천합니다.

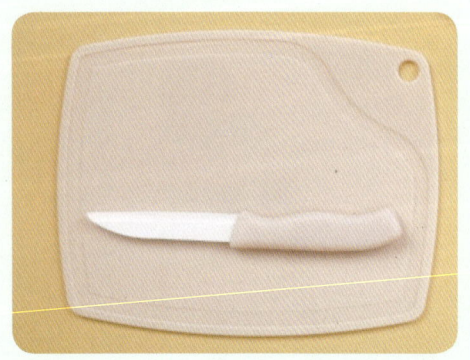

조리주걱

이유식을 끓일 때 젓는 용의 주걱이 필요한데요. 아기용으로 따로 사용하는 게 좋아요. 조리주걱은 이유식 만드는 과정에서 고온에 장시간 노출되기 때문에 내열성이 강해야겠지요? 또한 바닥까지 싹싹 긁어 사용할 수 있는 실리콘 재질을 쓰면 편합니다. 나무주걱은 물이 들거나 수분을 흡수해 세균이 번식할 수 있어요.

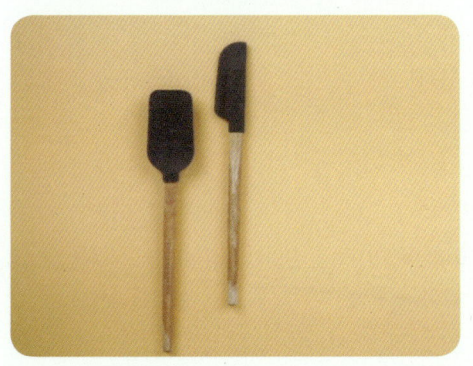

손잡이 체

이유식, 다지는 과정도 많지만 데치는 과정도 만만치 않게 많지요? 데칠 때 사용하는 손잡이 체도 이유식용으로 지름 20cm 이내의 작은 사이즈를 따로 구입해서 사용하는 것이 위생상 좋아요.

이유식조리기

체, 착즙기, 강판 등의 기능을 가지고 있고 수납하기도 편리한 이유식 조리기라는 제품이 있는데요. 이유식은 갈고, 체에 내리고, 입자를 아주 작게 만드는 과정이 대부분이기 때문에 구비해두면 편리합니다.

미니믹서기 & 핸드블랜더

적은 양을 사용하는 이유식에는 크기가 큰 믹서기보다는 미니 믹서기나 핸드블랜더가 필요합니다. 이유식 만들 때 필수적이라는 것을 이유식을 만들어본 엄마들은 아실 거예요.

이유식 재료 손질법

곡류 준비 방법

쌀 불리기

이유식을 할 때는 쌀을 깨끗이 씻어 30분 정도 물에 불린 뒤 사용해요. 쌀은 햅쌀일수록, 갓 도정한 쌀일수록, 수분도가 좋고 윤기가 돌아요.

흑미

흑미는 백미보다 단단하기 때문에 오래 불려야 해요. 깨끗이 씻은 후 1~2일 정도 물에 불린 뒤 사용해요.

찹쌀

찹쌀은 깨끗이 씻어 30분 정도 물에 불린 뒤 사용해요.

Tip - 시판 찹쌀가루를 사용해도 되지만 알레르기가 있는 아이는 조리 전 직접 갈아서 사용하는 것이 좋아요.

차조&기장

차조와 기장은 알맹이가 작아 씻기가 어려워요. 체에 밭쳐 흐르는 물에 흔들어 가며 씻으세요. 깨끗이 씻은 차조와 기장은 2~3시간 동안 물에 불린 뒤 사용해요.

보리&현미

보리와 현미는 백미보다 단단하기 때문에 오래 불려야 해요. 깨끗이 씻은 후 5시간 이상 불린 뒤 사용해요.

육류 보관 및 손질법

소고기

소고기는 기름기가 적은 안심이나 우둔살 부위를 사용하는 것이 좋아요. 소고기 다짐육은 어느 부위를 사용했는지 정확히 알 수 없기에 덩어리째 사다가 필요한 만큼 잘라 사용해요.

손질 및 보관법: 소고기는 찬물에 담가 20분 정도 핏물을 뺀 후 물기를 제거해 사용해요. 키친타월을 이용해 핏물을 제거하고 사용할 분량만큼 나눈 후 랩으로 싸서 용기 또는 지퍼백에 담아 냉동 보관해요.

Tip- 소고기의 핏물을 빼줘야 누린내가 나지 않아요.

닭고기

닭고기는 기름기가 적은 안심, 가슴살 부위를 사용하는 것이 좋아요. 가급적이면 무항생제 닭고기를 사용해요.

손질 및 보관: 닭고기는 껍질과 지방을 제거한 후 사용해요. 사용할 분량만큼 나눈 후 용기 또는 지퍼백에 담아 냉동 보관해요.

돼지고기

이유식 초기에는 양질의 단백질과 철분이 많은 소고기를 사용하는 것이 좋고, 후기부터 돼지고기를 사용해요. 다른 고기와 마찬가지로 기름기가 적은 안심, 등심 부위를 선택해요.

손질 및 보관: 돼지고기는 껍질과 지방을 제거한 후 사용해요. 사용할 분량만큼 나눈 후 용기 또는 지퍼백에 담아 냉동 보관해요.

생선류

생선은 만 9개월 이후부터 알레르기가 비교적 적은 흰살 생선(대구, 가자미 등)부터 시작해요. 잔가시가 들어가지 않게 주의하세요.

손질 및 보관: 비늘과 내장을 제거해 사용해요. 사용할 분량만큼 나눈 후 지퍼백에 담아 냉동 보관해요.

채소 손질법

채소는 흠집이 없고 잎과 줄기가 싱싱한 것을 고르세요. 채소를 냉동 보관할 때는 삶거나 데친 후 개월 수에 맞춰 입자의 크기를 자른 후 얼음틀 또는 지퍼백에 담아 냉동 보관하시면 됩니다.

브로콜리 손질법

1 베이킹소다를 풀어 넣은 물에 브로콜리를 흔들어 씻어요.

2 밑동을 자른 후 한 입 크기씩 떼어내요.

3 끓는 물에 브로콜리를 넣고 1분 정도 데쳐내요.

Tip- 채소는 농약성분, 또는 벌레, 흑먼지를 제거하기 위해 데쳐서 사용해요.

4 데친 브로콜리를 찬물에 헹군 뒤 체에 받쳐 물기를 제거해요.

Tip- 데친 브로콜리는 줄기는 제거하고 송이만 사용해요.

단호박 손질법

1 깨끗이 씻은 단호박은 반으로 잘라 씨를 제거해요.

Tip - 단호박을 썰기 힘들다면 전자레인지에 2~3분 돌린 후 썰어요.

2 김 오른 찜기에 10~15분간 찐 후 껍질을 벗겨요.

청경채 손질법

1 청경채는 줄기는 제거하고 잎만 사용해요.

2 끓는 물에 1분 정도 데친 후 찬물에 헹구고 물기를 짜요.

토마토 손질법

1 토마토는 십자 모양으로 칼집을 내요.

2 칼집 낸 토마토는 끓는 물에 30초 정도 데쳐요.

3 찬물에 담근 후 껍질을 벗겨요.

양송이버섯 손질법

1 양송이버섯의 기둥을 손으로 비틀어 떼어내요.

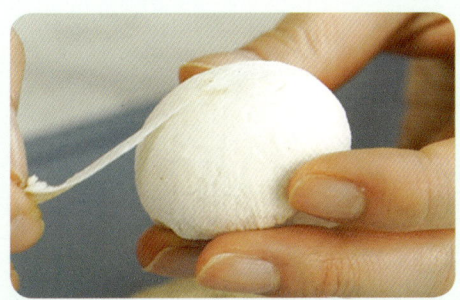
2 갓의 안쪽에서 바깥쪽 방향으로 껍질을 얇게 벗겨요.

이유식 육수 만들기

이유식을 만들 때 꼭 육수를 내야 할 필요는 없어요. 다만 입이 짧은 아이들은 점점 클수록 입맛이 까다로워지며 밍밍한 이유식을 잘 안 먹을 수도 있답니다. 그래서 물 대신 육수를 쓰는 경우가 종종 있지요. 초반부터 육수를 사용하면 재료 본연의 맛을 해칠 수 있으며 간혹 알레르기 반응을 나타내는 경우도 있으니 초기 이유식에서는 육수 말고 물을 사용해주세요. 중기 이후부터는 육수를 쓸 수 있으나 처음부터 재료를 이것저것 섞지 마시고 한 가지 한 가지씩 첨가해가며 알레르기 반응이 오지 않는지 주의 깊게 살펴보는 것이 좋습니다. 멸치나 다시마와 같은 재료는 짠맛이 강할 수 있으니 가급적이면 최소량을 사용하여 묽게 육수를 만드는 것이 좋습니다.

매번 이유식을 할 때마다 육수를 내서 하긴 쉽지 않으니 한 번 끓일 때 충분한 양을 만든 후 실리콘 얼음틀에 얼려두었다가 사용하시는 것도 좋답니다.

육수는 냉장고에서 2일 정도, 냉동실에서 5일 정도 보관 가능해요. 충분한 양의 육수를 미리 만든 후 소분해 보관해도 좋고요. 육수를 따로 만들지 못했다면 이유식 만드는 과정에서 고기나 채소 삶은 물을 이용해도 괜찮습니다.

채소 육수

재료 양배추 20g, 무 30g, 양파 1/4개, 당근 1/4개, 대파 1대, 물 1ℓ

1 야채를 한입 크기로 썰어요.
2 냄비에 야채와 물을 넣고 센 불에서 끓여요.
3 물이 끓으면 약불로 1시간 정도 끓인 뒤 체에 걸러 사용해요.

소고기 육수

재료 소고기(양지 또는 사태) 200g, 양파 1/4개, 대파 1대, 물 1.5ℓ

1. 소고기는 기름기를 떼어내고 찬물에 30분간 담가 핏물을 제거해요.
   Tip – 핏물이 가라앉으면 깨끗한 물로 교체해요.
2. 냄비에 소고기, 양파, 대파, 찬물을 넣고 센 불에서 끓여요.
3. 끓기 시작하면 중약불로 30~40분간 끓이고 거품은 중간중간 걷어내요.
4. 고운체에 걸러 한 김 식힌 다음 기름기를 걷어내고 사용해요.
   Tip – 양파나 대파를 넣으면 고기의 누린내가 사라져요. 다만 아기가 향에 민감하거나 거부감이 있다면 빼주세요.

닭고기 육수

재료 닭 다리 2개, 양파 1/4개, 대파 1대, 물 1.5ℓ

1. 닭 다리는 껍질을 제거해요.
2. 냄비에 닭, 양파, 대파, 찬물을 넣고 센 불에서 끓여요.
3. 끓으면 중약불에서 30~40분간 끓이고 떠오르는 불순물은 제거해요.
4. 고운체에 걸러 한 김 식힌 다음 기름기를 걷어내고 사용해요.

다시마 육수

재료 다시마(5cm×5cm) 1장, 물 1ℓ

1. 다시마는 마른 헝겊으로 잘 닦아요.
   Tip – 다시마는 짠맛이 있어서 물에 한 번 씻어주거나 헝겊으로 닦아 사용해요.
2. 냄비에 다시마, 물을 넣고 약불에서 끓여요.
3. 육수가 끓으면 다시마를 건져낸 후 식혀 사용해요.

남은 소고기, 닭고기로 소보로 만들기

고기 잡냄새 때문에 고기 이유식을 잘 안 먹는 아기가 있는데요. 고기 소보로를 만들어 채소이유식에 섞어서 주면 잘 먹는 경우도 있답니다. 채소가 풍성하게 들어간 무른밥에 고기소보로를 올려서 줘보세요. 철분과 단백질까지 더해져 더할 나위 없는 영양만점 이유식이 된답니다. 단, 중기 이후의 채소 이유식에 활용해야 합니다.

소고기 소보로

재료
소고기 100g

1. 소고기는 찬물에 20분 정도 담가 핏물을 제거해요.

2. 소고기를 끓는 물에 넣어 5분 정도 삶아요.

3. 삶은 소고기는 식힌 후 믹서기에 넣고 곱게 갈아요.

4. 20g씩 소분해서 냉동실에 두었다가 채소죽의 마무리에 넣어 한소끔 더 끓여요.

닭고기 소보로

재료
닭고기 안심
(또는 닭가슴살) 100g

1. 닭고기는 끓는 물에 넣어 5분 이상 익혀요.

   Tip - 안심의 힘줄을 제거해주세요.

2. 삶은 닭고기는 식힌 후 믹서기에 넣고 곱게 갈아요.

3. 20g씩 소분해서 냉동실에 두었다가 채소죽의 마무리에 넣어 한소끔 더 끓여요.

초기 1단계 이유식

만 4~5개월

이유식과 분유 양

이유식
20~40㎖씩
하루 한 번

모유 또는 분유
800~900㎖

입자 크기와 농도

쌀

미음: 불린 쌀과 물의 비율이 1:10인 10배죽
쌀을 믹서기에 곱게 갈거나 으깨어 끓인 다음 고운체에 걸러요.

고기

익혀서 곱게 칼로 다진 후 절구에 한 번 더 으깨고 고운체에 내려요.

채소

익힌 후 곱게 다져 고운체에 내려요.

초기 1단계를 시작하기 전에

◆ 이유식의 시작 시기
이 시기의 가장 큰 고민은 '이유식을 언제 시작할 것인가'입니다. 보통 분유 수유 아기는 만 4~6개월, 모유 수유 아기는 만 6개월(생후 180일경)에 시작하면 됩니다. 하지만 아토피 피부염 등 알레르기가 있는 아기는 분유, 모유 수유 상관없이 만 6개월 경에 시작하는 것을 권장하고 있어요. 그렇다고 만 6개월을 지나서 시작하면 너무 늦습니다. 늦게 시작하면 오히려 음식 알레르기의 위험이 높아질 수 있으며 철분 부족으로 빈혈이 생길 수 있으니 만 6개월에는 반드시 시작해주세요.

간혹 만 4개월 된 아이들 중 어른들이 식사를 할 때 침을 흘리거나 먹고 싶어하는 경우가 있어요. 모유나 분유 외의 음식을 먹고 싶어 하고 허리를 세워 의자에 잘 앉아있을 수 있다면 이때부터 이유식을 시작해도 됩니다. 만 4개월에 시작하는 경우 처음에는 맑은 미음부터 시작하세요. 하지만 지속적으로 너무 묽게 주면 이유식 양에 비해 칼로리가 너무 적어 체중 증가에 도움이 안 될 수 있습니다.

◆ 고기를 시작하는 시기
초기 1단계 이유식으로는 주로 채소 미음을 소개하였으나 만 4~5개월부터도 바로 소고기 미음을 시작해도 괜찮습니다. 출생 체중이 작았거나 체중 증가가 빠른 아기는 철분 보충을 위해 초기 2단계 이유식을 참고하여 소고기 미음을 빨리 시작하는 것도 좋습니다.

◆ 이유식 먹을 때는 안전사고 주의
이유식을 시작하면 아이의 안전사고에도 주의해주셔야 해요. 의자에서 떨어지는 낙상 사고는 생각보다 흔하게 일어납니다. 아기가 유아 의자에 바르게 앉을 수 있도록 신경을 써주셔야 한답니다. 안전벨트가 있는 경우는 꼭 채워주세요.

화상사고 주의도 필요합니다. 돌아다니면서 밥솥에서 김이 나올 때 데지 않도록 조심해야 하며 뜨거운 물이 들어있는 커피포트 전선을 잡아당겨 뜨거운 물이 쏟아지지 않도록 주의해야 합니다. 뜨거운 프라이팬은 손잡이를 안쪽으로 돌려서 아기가 뜨거운 음식을 뒤집어쓰지 않도록 해주세요.

전자레인지로 이유식을 데우면 음식 전체가 같은 온도로 데워지지 않습니다. 겉은 미지근해도 속은 뜨거울 수 있기 때문에 잘 섞어서 온도를 균일하게 만든 후 먹여주세요.

초기 1단계  한 달 식단

이유식을 시작할 때 참고할 수 있는 식단표입니다. 반드시 이 순서를 지킬 필요는 없어요. 구하기 쉽고 본인이 잘 사용하는 재료로 만들어주시면 됩니다. 처음에는 쌀미음으로 시작하시고 3일 간격으로 새로운 재료를 추가해 음식 알레르기를 확인 및 관리할 수 있도록 식단표를 짜보세요.

◆ **만 4개월부터 시작하는 경우**

	1일	2일	3일	4일	5일	6일	7일
1주차	쌀미음				찹쌀미음		양배추미음
	8일	9일	10일	11일	12일	13일	14일
2주차	양배추미음		브로콜리미음			감자미음	
	15일	16일	17일	18일	19일	20일	21일
3주차	감자미음		애호박미음			단호박미음	
	22일	23일	24일	25일	26일	27일	28일
4주차	흑미미음				기장미음		고구마미음
	29일	30일					
5주차	고구마미음						

◆ **만 5개월부터 시작하는 경우**

만 5개월부터 이유식을 시작했다면 똑같이 쌀미음으로 시작하시되 초기 2단계의 고기 이유식을 섞어서 진행해주세요.

	1일	2일	3일	4일	5일	6일	7일
1주차	쌀미음			소고기미음(초기 2단계)			양배추미음
	8일	9일	10일	11일	12일	13일	14일
2주차	양배추미음		소고기 브로콜리미음(초기 2단계)			소고기 무미음(초기 2단계)	
	15일	16일	17일	18일	19일	20일	21일
3주차	소고기 무미음	소고기 단호박미음(초기 2단계)			닭고기 무미음(초기 2단계)		
	22일	23일	24일	25일	26일	27일	28일
4주차	소고기 애호박미음(초기 2단계)			닭고기 애호박미음(초기 2단계)			소고기 당근미음 (초기 2단계)
	29일	30일					
5주차	소고기 당근미음						

* 아토피 피부염 등 알레르기 질환이 있는 경우 5일 간격으로 새로운 재료를 추가해주세요.

1 쌀미음

20분

알레르기 유발 가능성이 적은 쌀미음은 아기들의 첫 이유식으로 좋습니다.
20㎖ 정도로 시작해 천천히 양을 늘려가세요. 잘 먹는 아기는 처음부터 40~50㎖씩 먹을 수도 있습니다.
간혹 쌀미음에도 알레르기 반응이 나타나는 아기들이 있는데요. 이유를 찾아보면 대부분
시판 쌀가루를 사용했기 때문입니다. 따라서 쌀을 조리 전에 갈아서 사용해주시는 것이 좋습니다.

재료

☐ 불린 쌀 30g ☐ 물 300㎖

만드는 법

1

미리 불려둔 쌀을 물 100㎖와 함께 믹서기나 핸드블랜더로 곱게 갈아요.

Tip - 쌀가루를 사용해도 되지만 알레르기가 있는 아이는 직접 갈아 요리하는 것이 좋아요.

2

냄비에 갈아놓은 쌀과 물 200㎖를 넣고 한소끔 끓으면 약불로 줄여 7~8분 정도 더 끓여요.

Tip - 불의 세기와 냄비의 종류에 따라서 수분이 빨리 증발할 수 있어요. 이런 경우에는 물을 조금 더 넣어주세요.

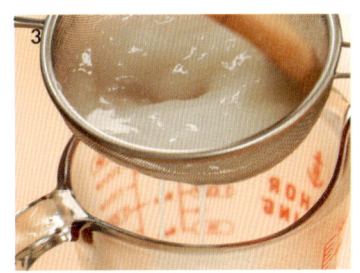

3

고운체에 거른 다음 식혀 완성해요.

Tip - 입자가 느껴지면 아기가 거부할 수 있으니 건더기 없이 걸러주세요.

2 양배추미음

양배추는 식이섬유가 많아서 아이가 변비에 걸렸을 때 좋은 이유식 재료예요.
이유식을 시작하면 아기들이 변비에 걸리는 경우가 있는데요. 이럴 때는 달큰한 양배추로 이유식을
만들어보세요. 비타민, 칼슘, 필수 아미노산인 라이신이 많은 양배추는 아기의 성장과 발달에도 도움을 줍니다.
질긴 심 부분은 제거하고 부드러운 잎 부분만 사용하는 것이 좋아요. 가급적이면 새로운 음식을 먹일 때는 3일간
먹여보세요. 이것저것 한꺼번에 추가하면 알레르기가 생겼을 때 뭐가 원인인지 알 수가 없으니까요.

재료

☐ 양배추 20g ☐ 불린 쌀 30g ☐ 물 300㎖

만드는 법

1. 양배추는 잎 부분만 잘라내어 끓는 물에 30초간 데쳐요.

2. 미리 불려둔 쌀은 물 100㎖와 함께 핸드블랜더나 믹서기로 곱게 갈아요.

3. 쌀이 곱게 갈린 다음 데친 양배추를 넣어 한 번 더 갈아요.

4. 갈아놓은 재료와 물 200㎖를 냄비에 넣고 한소끔 끓으면 약불로 줄여 7~8분 정도 끓여요.

Tip - 불의 세기와 냄비의 종류에 따라서 수분이 빨리 증발할 수 있어요. 이런 경우에는 물을 조금 더 넣어주세요.

5. 고운체에 거른 다음 식혀 완성해요.

Tip - 입자가 느껴지면 아기가 거부할 수 있으니 건더기 없이 걸러주세요.

3 브로콜리미음

브로콜리는 비타민 C와 베타카로틴이 풍부한 대표 항산화 식품이에요.
빈혈 예방에 도움되는 철분 등 무기질도 풍부하답니다.
브로콜리의 질긴 기둥 부분은 잘라내고 연한 송이 부분만 사용하세요.

재료

☐ 브로콜리 20g　☐ 불린 쌀 30g　☐ 물 300㎖

 **만드는 법**

브로콜리는 끓는 물에 살짝 데친 다음 찬물에 헹궈요.

Tip - 잎 채소는 농약성분이나 벌레, 또는 흙먼지를 제거하기 위해 데쳐서 사용해요.

데친 브로콜리를 곱게 다져요.

미리 불려둔 쌀을 물 100㎖와 함께 곱게 갈아요.

냄비에 다진 브로콜리, 갈아놓은 쌀과 물 200㎖를 넣고 한소끔 끓으면 약불로 줄여 7~8분 정도 더 끓여요.

고운체에 거른 다음 식혀 완성해요.

4 콜리플라워미음

20분

콜리플라워에 풍부하게 함유된 비타민 C는 가열해도 쉽게 손실되지 않아요.
각종 비타민과 무기질이 함유되어 있어 감기 예방과 두뇌 발달에도 도움을 준답니다.

재료

☐ 콜리플라워 10g ☐ 불린 쌀 30g ☐ 물 300㎖

 **만드는 법**

1. 콜리플라워는 끓는 물에 30초간 데쳐요.

2. 데친 콜리플라워는 송이 부분만 잘라 사용해요.

3. 불려둔 쌀과 데친 콜리플라워는 물 100㎖와 함께 갈아요.

4. 냄비에 갈아놓은 재료와 200㎖의 물을 넣고 한소끔 끓으면 약불로 줄여 7~8분 정도 더 끓여요.

Tip - 불의 세기와 냄비의 종류에 따라서 수분이 빨리 증발할 수 있어요. 이런 경우에는 물을 조금 더 넣어주세요.

5. 고운체에 거른 다음 식혀 완성해요.

5 감자미음

30분

감자는 익혀도 함유한 비타민 C가 잘 파괴되지 않는 장점이 있답니다.
수용성 섬유질인 펙틴이 풍부하기 때문에 감기, 변비, 설사의 예방 및 완화에도 도움을 줍니다.
다만 싹이 나거나 푸른 빛이 도는 감자는 독성이 있을 수 있으니
햇빛이 들지 않는 곳에 잘 보관해야 한다는 점, 잊지 마세요.

재료

☐ 감자 20g ☐ 불린 쌀 30g ☐ 물 300㎖

Tip - 감자의 싹에는 솔라닌이라는 독성이 있으니 싹이 난 감자는 사용하지 않아요.

 만드는 법

1. 감자는 한 김 오른 찜기에 15분 정도 쪄낸 다음 껍질을 벗겨내요.

2. 절구나 매셔로 감자를 으깨요.

3. 미리 불려둔 쌀은 물 100㎖와 함께 곱게 갈아요.

4. 냄비에 으깬 감자, 갈아놓은 쌀을 넣고 남은 물 200㎖를 넣어 한소끔 끓으면 약불로 줄여 7~8분 정도 더 끓여요.

5. 고운체에 거른 다음 식혀 완성해요.

6 단호박미음

단호박은 적당한 단맛이 나고 소화도 잘 되게 도와주기 때문에 이유식에 많이 사용하는 재료예요.
베타카로틴과 비타민 A가 풍부해 눈 건강에 도움을 주는 채소이기도 하지요.
껍질과 씨를 꼼꼼히 제거하고 노란 과육 부분만 사용해주세요.

재료

☐ 단호박 20g ☐ 불린 쌀 30g ☐ 물 300㎖

 **만드는 법**

1. 단호박은 씨를 제거하고 김 오른 찜기에 10~15분 정도 쪄낸 후 껍질을 벗겨요.

2. 찐 단호박은 절구나 매셔를 이용해 으깨서 준비해요.

3. 미리 불려둔 쌀은 물 100㎖를 넣어 곱게 갈아요.

4. 냄비에 으깬 단호박, 갈아놓은 쌀을 넣고 남은 물 200㎖를 넣어 한소끔 끓으면 약불로 줄여 7~8분 정도 더 끓여요.

5. 고운체에 거른 다음 식혀 완성해요.

7

찹쌀미음

20분

찹쌀은 초기 미음부터 사용할 수 있는 재료예요. 소화가 잘 되고 식이섬유가 풍부하다는 장점이 있답니다.
시판 찹쌀가루를 사용하는 것보다는 찹쌀을 조리 전에 갈아서 사용하는 것을 추천드립니다.
초기에는 믹서기에 곱게 갈아서 사용하세요.

재료

- 불린 찹쌀 12g
- 불린 쌀 30g
- 물 300㎖

만드는 법

1 미리 불려둔 쌀과 찹쌀을 물 100㎖와 함께 곱게 갈아요.

Tip - 쌀가루, 찹쌀가루를 사용해도 되지만 알레르기가 있는 아이는 직접 갈아 요리하는 것이 좋아요.

2 냄비에 갈아놓은 쌀과 찹쌀을 넣고 물 200㎖를 넣어 한소끔 끓으면 약불로 줄이고 7~8분 정도 더 끓여요.

Tip - 곡류만으로 미음을 끓일 때는 물을 더 넣어주어도 좋아요.

3 고운체에 거른 다음 식혀 완성해요.

8 흑미미음

흑미의 검은 색소인 안토시아닌은 항산화 효과가 있어 면역력을 높이는 데 도움을 줍니다.
또한 흑미에 포함된 감마오리자놀이라는 성분은 성장을 촉진해준답니다.
하지만 현미의 일종이라 소화 흡수가 더딥니다. 하루나 이틀 정도 충분히 물에 불린 뒤에 사용하세요.

재료

☐ 불린 흑미 3g　☐ 불린 쌀 30g　☐ 물 300㎖

만드는 법

1
불려둔 쌀과 흑미를 물 100㎖와 함께 곱게 갈아요.

Tip - 쌀가루와 흑미가루를 사용해도 되지만 알레르기가 있는 아이는 직접 갈아 요리하는 것이 좋아요.

2
냄비에 갈아놓은 쌀과 흑미, 200㎖의 물을 넣고 한소끔 끓으면 약불로 줄여 7~8분 정도 더 끓여요.

3
고운체에 거른 다음 식혀 완성해요.

9

차조미음

차조는 각종 무기질과 비타민, 식이섬유가 풍부해서 쌀에 부족한 영양을 보충해줍니다.
충분히 불려서 사용해 주세요.

재료

☐ 불린 차조 12g　☐ 불린 쌀 30g　☐ 물 300㎖

만드는 법

1 미리 불려둔 쌀과 차조를 물 100㎖와 함께 곱게 갈아요.

Tip - 쌀가루, 차조가루를 사용해도 되지만 알레르기가 있는 아이는 직접 갈아 요리하는 것이 좋아요.

2 냄비에 갈아놓은 재료와 물 200㎖를 넣고 한소끔 끓으면 약불로 줄여 7~8분 동안 끓여요.

3 고운체에 거른 다음 식혀 완성해요.

10 기장미음

기장은 단백질과 비타민이 많이 함유된 곡물입니다. 충분히 물에 불려 사용하시고요.
고온다습한 곳을 피해 밀봉하여 서늘한 곳에 보관하세요.
기장미음은 설사를 자주 하는 아이에게 좋답니다.

재료

☐ 불린 기장 12g ☐ 불린 쌀 30g ☐ 물 300㎖

Tip - 기장은 미리 2~3시간 정도 불려 놓아요.

만드는 법

1. 미리 불려둔 쌀과 기장을 물 100㎖와 함께 곱게 갈아요.

2. 냄비에 갈아놓은 재료와 물 200㎖를 넣어 한소끔 끓으면 약불로 줄여 7~8분 정도 더 끓여요.

3. 고운체에 거른 다음 식혜 완성해요.

11 애호박미음

20분

애호박에는 두뇌 발달에 도움을 주는 레시틴과 비타민, 미네랄이 풍부합니다.
다만 양쪽 끝과 껍질 부분에는 식이섬유가 많고 단단하므로 이유식 초기에는 가운데 부분의
속살만 이용하세요. 알레르기가 비교적 덜 일어나는 재료이며 장을 편안하게 해준답니다.

재료

□ 애호박 20g □ 불린 쌀 30g □ 물 300㎖

만드는 법

1. 애호박은 껍질을 벗기고 씨를 제거해 곱게 다져요.

2. 미리 불려둔 쌀은 물 100㎖와 함께 곱게 갈아요.

3. 냄비에 다진 애호박, 갈아놓은 쌀을 넣고 물 200㎖를 넣어 한소끔 끓으면 약불로 줄여 7~8분 정도 더 끓여요.

4. 고운체에 거른 다음 식혀 완성해요.

12 오이미음

20분

비타민 C가 풍부한 오이는, 맛과 향이 좋아 식욕을 돋게 하지요.
오이를 살 때는 만져봤을 때 돌기가 살아있고 단단한 것을 고르시면 됩니다.
이유식에 넣을 때는 껍질과 씨를 제거하고 과육만 사용하세요.

재료

☐ 오이 20g ☐ 불린 쌀 30g ☐ 물 300㎖

Tip - 오이는 간혹 알레르기를 유발할 수 있으므로 1단계 후기에 시작하는 것이 좋아요.

만드는 법

1. 오이는 껍질과 씨를 제거하여 곱게 다져요.

Tip - 믹서기에 쌀과 함께 갈아도 좋아요.

2. 불린 쌀은 물 100㎖를 넣어 곱게 갈아요.

3. 갈아놓은 쌀과 오이를 넣고 남은 물 200㎖를 넣어 한소끔 끓으면 약불로 줄여 7~8분 정도 더 끓여요.

4. 고운체에 거른 다음 식혀 완성해요.

Tip - 아기가 쌀미음에 적응되었다면 약간 입자 크기를 늘려보세요.

13 고구마미음

30분

비타민 C와 식이섬유가 풍부한 고구마는 변비 있는 아이들에게 도움이 됩니다.
맛이 달콤하고 부드러워 아기들이 참 잘 먹는답니다.

재료

☐ 고구마 20g ☐ 불린 쌀 30g ☐ 물 300㎖

만드는 법

1. 고구마는 한김 오른 찜기에 15분 정도 찐 다음 껍질을 벗겨요.

2. 찐 고구마는 절구나 매셔를 이용해 으깨서 준비해요.

3. 미리 불려둔 쌀은 물 100㎖를 넣어 곱게 갈아요.

4. 냄비에 으깬 고구마, 갈아놓은 쌀을 넣고 남은 물 200㎖를 넣어 한소끔 끓으면 약불로 줄여 7~8분 정도 더 끓여요.

5. 고운체에 거른 다음 식혀 완성해요.

Tip - 아기가 쌀미음에 적응되었다면 약간 입자 크기를 늘려보세요.

14 사과미음

사과는 호흡기 질환 예방에 도움을 주는 과일이에요.
수용성 식이섬유인 펙틴 또한 풍부하여 장운동을 원활하게 해준답니다.
단맛이 있는 사과미음은 채소미음에 익숙해진 다음에 먹이는 것이 좋습니다.

재료

☐ 사과 20g ☐ 불린 쌀 30g ☐ 물 300㎖

만드는 법

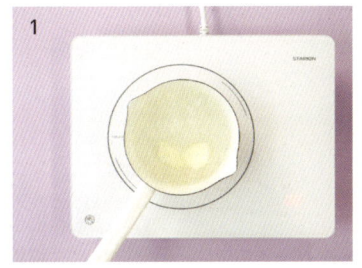

1. 사과는 껍질을 벗기고 속과 씨는 도려낸 뒤 끓는 물에 1분 정도 데쳐요.

2. 불린 쌀은 약 100㎖의 물과 함께 곱게 갈아요.

3. 쌀이 곱게 갈린 상태에서 사과를 넣어 갈아요.

4. 갈아놓은 재료와 남은 200㎖의 물을 넣고 한소끔 끓으면 약불로 줄여 약 7~8분간 끓여요.

5. 고운체에 거른 다음 식혀 완성해요.

Tip - 아기가 쌀미음에 적응되었다면 약간 입자 크기를 늘려보세요.

15 배미음

배는 호흡기 질환에 도움이 되는 과일이에요. 그래서 아이가 감기 걸렸을 때 먹이면 좋습니다. 이유식 초기부터 사용해도 괜찮지만 배의 단맛에 익숙해지면 채소를 싫어할 수 있기 때문에 채소에 어느 정도 익숙해진 다음에 먹이는 것을 권해드립니다.

재료

☐ 배 20g ☐ 불린 쌀 30g ☐ 물 300㎖

만드는 법

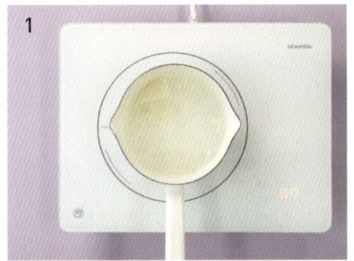

1. 배는 껍질을 벗기고 속과 씨를 도려낸 뒤 끓는 물에 1분 정도 삶아요.

2. 미리 불려둔 쌀과 물 100㎖를 넣고 곱게 갈아요.

3. 쌀이 곱게 갈린 상태에서 데쳐놓은 배를 넣어 함께 갈아요.

4. 냄비에 갈아놓은 재료와 물 200㎖를 넣고 한소끔 끓으면 약불로 줄여 7~8분 정도 더 끓여요.

5. 고운체에 거른 다음 식혀 완성해요.

Tip - 아기가 쌀미음에 적응되었다면 약간 입자 크기를 늘려보세요.

Part 3

초기 2단계 이유식

만 5~6개월

이유식과 분유 양

이유식
40~60㎖씩
하루 한 번

모유 또는 분유
800~900㎖

입자 크기와 농도

쌀
미음: 불린 쌀과 물의 비율이 1:8인 8배죽
쌀을 믹서기에 곱게 갈거나 으깨요.

고기
익혀서 곱게 칼로 다진 후 절구에
한 번 더 으깨요.

채소
익힌 후 곱게 다져요.

초기 2단계를 시작하기 전에

◆ 이유식 요리할 때 주의할 점

만 5~6개월에 이유식을 시작하는 경우에는 너무 맑은 미음 형태로 주실 필요가 없어요. 특히 체에 거르면 안 됩니다. 맑은 미음을 먹이는 경우 모유나 분유처럼 계속 묽은 것만 먹게 되므로 칼로리도 충분하지 않고 꿀꺽꿀꺽 삼키는 것이 편하다 보니 나중에 고형식에 익숙해지기 힘들 수 있답니다.

익히지 않은 생선이나 고기는 채소와 같은 칼이나 도마를 같이 쓰지 않도록 주의해주세요. 덜 익은 음식의 세균은 면역력이 약한 아기에게 치명적일 수 있으니 반드시 모든 재료를 완전히 익혀서 주어야 합니다. 모든 재료를 충분히 익혀야 하나 특히 계란, 생선, 고기는 완전히 익힐 수 있도록 신경을 써야 해요. 아기가 알레르기 반응이 있다면 20분 이상 푹 익혔을 때 항원성이 떨어지므로 충분히 조리해주세요.

◆ 모유와 분유 먹이는 방법

아직은 이유식 양이 많지 않으므로 이유식을 먹인 후 바로 모유나 분유를 이어서 먹입니다. 밤중 수유는 가급적이면 끊어야 해요. 밤에 수유를 하다 보면 아침에 포만감 있는 상태로 일어나니 오전에 식욕이 떨어지게 되어 이유식을 별로 먹고 싶지 않을 수 있답니다. 밤중 수유를 효과적으로 끊기 위해서는 먹으면서 자는 습관을 완전히 끊어야 합니다. 마지막 수유 후에 이를 닦고 눕혀서 토닥토닥 다독이며 재워주세요. 엄마 아빠와 함께 식사하는 것도 좋답니다.

◆ 6개월부터 소고기는 필수

이 시기부터 고기는 무척 중요합니다. 철분과 단백질 섭취를 위해 고기를 꼭 시작해야 합니다. 닭고기보다 소고기가 무게당 철분 함량이 높기 때문에 소고기를 먼저 시작하시면 됩니다.

◆ 스스로 먹는 핑거푸드

초기부터 푹 익힌 핑거 푸드를 먹일 수 있어요. 찐 고구마를 손가락 길이로 자른 후에 살짝 말려서 주시거나 사과 또는 배를 얇게 손가락 길이로 잘라줘도 됩니다. 핑거 푸드는 스스로 잡고 먹는 것이 포인트인데 아직은 손가락을 정교하게 쓰지 못하기 때문에 손바닥을 사용해서 잡게 됩니다. 따라서 처음에는 길고 크게 줘야 잡고 먹을 수 있답니다. 이때 핑거푸드가 목에 걸리지 않게 하려면 푹 익혀주세요.

◆ **이유식 보관**

이유식 재료를 냉동하거나 이유식을 충분히 만들어 냉동 보관해도 됩니다. 다만 한 번 해동했던 것은 세균이 증식할 수 있으므로 절대 재 냉동하지 않아야 합니다.

초기 2단계 한 달 식단

식단을 짤 때 참고할 수 있는 식단표입니다. 반드시 이 순서를 지킬 필요는 없어요. 구하기 쉽고 본인이 잘 사용하는 재료로 만들어주시면 됩니다.

	1일	2일	3일	4일	5일	6일	7일
1주차	소고기 브로콜리미음			소고기 무미음			소고기 단호박미음
	8일	9일	10일	11일	12일	13일	14일
2주차	소고기 단호박미음		닭고기 무미음			소고기 당근미음	
	15일	16일	17일	18일	19일	20일	21일
3주차	소고기 당근미음	소고기 애호박미음			닭고기 브로콜리미음		
	22일	23일	24일	25일	26일	27일	28일
4주차	소고기 청경채미음			닭고기 애호박미음			닭고기 당근미음
	29일	30일					
5주차	닭고기 당근미음						

* 3일간 같은 음식을 먹는 것으로 짜보았으나 매끼 바꿔서 먹이고 싶으신 경우 새로 추가된 재료를 3일간 기존에 먹어보았던 음식과 섞어서 넣으며 바꿔주시면 됩니다.
* 아토피 피부염이나 음식알레르기가 있는 경우 새로운 음식은 4~5일 간격으로 추가하실 것을 권장드립니다.

1 소고기미음

만 6개월에는 고기를 먹어야 하기 때문에 6개월이 다 되어 이유식을 시작한 경우에는 소고기미음부터 먹이는 것이 좋습니다. 소고기는 흡수가 잘되는 철분이 풍부해 빈혈 예방에 필수적이에요. 다양한 필수아미노산도 골고루 풍부하게 들어있어 아기의 성장 발달에도 도움이 됩니다.

재료

☐ 소고기 안심 20g　☐ 불린 쌀 30g　☐ 물 250㎖

Tip - 소고기는 안심이나 우둔살같이 기름기가 적은 부위를 선택해주세요.

 **만드는 법**

1 소고기는 찬물에 담가 20분 정도 핏물을 빼요.

2 핏물을 뺀 소고기는 끓는 물에 5분 정도 삶아요.

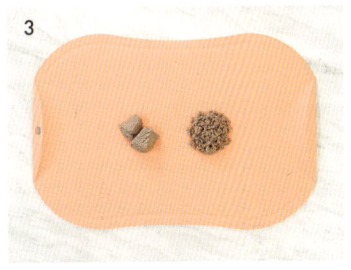

3 익힌 소고기는 곱게 칼로 다진 후 절구로 한 번 더 으깨요.

4 불린 쌀은 물 100㎖를 넣어 곱게 갈아요.

5 갈아놓은 쌀과 소고기, 물 150㎖를 넣은 다음 한소끔 끓으면 약불로 줄여 7~8분 정도 더 끓여 완성해요.

2 단호박 양배추미음

30분

단호박은 적당한 단맛이 나며 소화도 잘 되게 도와주기 때문에 이유식에 많이 사용하는 재료이지요.
베타카로틴과 비타민 A가 풍부해 눈 건강에도 도움을 준답니다.
껍질과 씨를 꼼꼼히 제거하고 노란 과육 부분만 사용해주세요.
생후 만 5~6개월부터는 쌀미음에 2가지 재료를 섞어서 사용해봅니다.

재료

☐ 단호박 20g ☐ 양배추 10g ☐ 불린 쌀 30g ☐ 물 250㎖

만드는 법

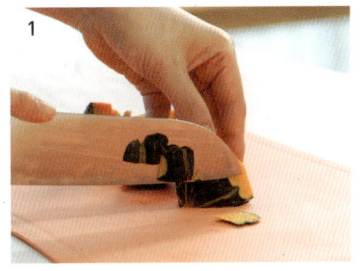

1. 단호박은 껍질과 씨를 제거하고 한 김 오른 찜기에 올려서 10분 정도 쪄요.

2. 양배추는 끓는 물에 넣어 30초만 데쳐요.

3. 믹서기에 단호박, 양배추를 넣고 물 약 50㎖를 넣어 갈아요.

4. 불린 쌀은 물 100㎖를 넣어 곱게 갈아요.

5. 갈아놓은 재료를 넣고 남은 물 100㎖를 넣어 한소끔 끓으면 약불로 줄여 7~8분 정도 더 끓여 완성해요.

3 소고기 양배추미음

20분

양배추는 달달한 맛 때문에 아기들이 비교적 잘 먹는 채소예요. 식이섬유가 많아서 아이가 변비에 걸렸을 때 좋은 이유식 재료이기도 합니다. 질긴 심 부분은 제거하고 부드러운 잎 부분만 사용하세요. 양배추를 살 때는 겉잎이 초록색이고 묵직하며 줄기가 굵지 않은 것을 고르시면 된답니다.

재료

□ 소고기 안심 20g □ 양배추 10g □ 불린 쌀 30g □ 물 250㎖

만드는 법

1. 소고기는 찬물에 담가 20분 정도 핏물을 빼요.

2. 불린 쌀은 물 100㎖를 넣어 갈아요.

3. 끓는 물에 양배추를 넣어 1분 정도 데쳐요.

4. 소고기는 끓는 물에 넣어 5분 정도 익혀요.

5. 양배추는 칼로 곱게 다져요.

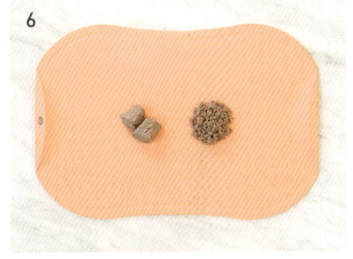

6. 소고기는 곱게 칼로 다진 후 절구에 한 번 더 으깨요.

7. 냄비에 갈아놓은 쌀을 넣은 다음 소고기 안심, 양배추, 물 150㎖를 넣고 한소끔 끓으면 약불로 줄여 7~8분 정도 끓여 완성해요.

4 단호박 브로콜리 미음

30분

브로콜리는 비타민과 칼슘, 칼륨 등이 풍부하고 비타민 C가 특히 많이 함유되어 있어요.
단호박은 비타민 A와 칼륨이 특히 풍부한 채소이지요. 브로콜리는 질긴 대는 버리고
송이 부분만 사용합니다. 단호박은 껍질과 씨를 꼼꼼히 제거하고 노란 과육 부분만 사용해주세요.

재료

- 단호박 20g
- 브로콜리 10g
- 불린 쌀 30g
- 물 250㎖

만드는 법

1. 단호박은 씨와 껍질을 제거한 다음 한 김 오른 찜기에 올려 10분 정도 쪄요.

Tip - 단호박은 크기와 양에 따라 찌는 시간을 조절해주세요.

2. 브로콜리는 끓는 물에 넣어 1분간 데쳐요.

3. 데친 브로콜리는 줄기는 제거하고 송이만 다져 사용해요.

4. 불린 쌀은 물 100㎖를 넣어 곱게 갈아요.

5. 쌀을 곱게 간 다음 단호박, 브로콜리, 물 50㎖를 넣고 한 번 더 갈아요.

6. 냄비에 갈아놓은 재료를 넣고 남은 물 100㎖를 넣어 한소끔 끓으면 약불로 줄여 7~8분 정도 더 끓여 완성해요.

5 소고기 브로콜리미음

20분

아기의 빈혈을 예방해주고 면역력도 키워주는 브로콜리는 이유식 단골 재료입니다.
브로콜리의 질긴 기둥 부분은 잘라내고 연한 송이 부분만 사용하세요.

재료

☐ 소고기 안심 20g ☐ 브로콜리 10g ☐ 불린 쌀 30g ☐ 물 250㎖

 **만드는 법**

1 소고기는 찬물에 담가 20분 정도 핏물을 빼요.

2 브로콜리는 끓는 물에 넣어 1분 정도 데쳐요.

3 소고기를 끓는 물에 넣어 5분 정도 익혀요.

4 소고기를 곱게 칼로 다진 후 절구에 한 번 더 으깨요.

5 브로콜리는 줄기는 제거하고 송이 부분만 믹서기나 핸드블랜더를 이용해 잘게 다져요.

6 불린 쌀은 물 100㎖를 넣어 갈아요.

7 냄비에 갈아놓은 쌀과 소고기, 브로콜리, 물 150㎖를 넣고 한소끔 끓으면 약불로 줄여 7~8분 정도 더 끓여 완성해요.

6 닭고기미음

20분

필수 아미노산이 풍부해 뇌 활동을 촉진하는 닭고기는 육질이 부드러워 소화가 잘 됩니다.
닭고기보다는 소고기, 돼지고기보다는 닭고기가 철분 섭취에 더욱 도움이 된답니다.
따라서 초기에는 소고기를 주로 사용하고 만 6개월부터 가끔씩 닭고기를 사용해주세요.
부위는 기름기가 적은 안심이나 가슴살을 사용하면 됩니다.

재료

☐ 닭고기 안심 20g ☐ 불린 쌀 30g ☐ 물 250㎖

Tip - 닭고기는 가급적이면 무항생제 닭고기를 구입하시고 기름기가 적은 안심이나 가슴살을 사용해주세요.

만드는 법

1

닭고기는 살코기만 끓는 물에 5분 정도 익혀요.

2

닭고기를 곱게 칼로 다진 후 절구에 한 번 더 으깨요.

3

불린 쌀은 물 100㎖를 넣어 믹서기에 곱게 갈아요.

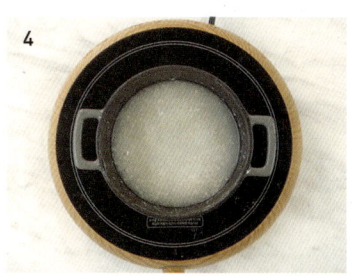

4

냄비에 갈아놓은 쌀과 닭고기, 물 150㎖를 넣고 한소끔 끓으면 약불로 줄여 7~8분 정도 더 끓여 완성해요.

7 닭고기 브로콜리미음

녹황색채소를 이유식에 넣으면 고기에 부족한 무기질을 더해줄 수 있어요.
닭고기는 다른 고기에 비해 지방이 적고 결이 부드러워 아기에게 주기 좋답니다.
닭고기를 사용할 때는 껍질과 힘줄을 제거한 안심이나 가슴살을 사용하는 것이 좋아요.

재료

☐ 닭고기 안심 20g ☐ 브로콜리 10g ☐ 불린 쌀 30g ☐ 물 250㎖

만드는 법

1. 브로콜리는 끓는 물에 넣어 1분 정도 데쳐요.

2. 닭고기는 끓는 물에 넣어 5분 정도 익혀요.

3. 닭고기는 곱게 칼로 다진 후 절구에 한 번 더 으깨요.

4. 브로콜리는 줄기는 제거하고 칼을 이용해 잘게 다져요.

Tip - 믹서기나 핸드블랜더를 사용해도 좋아요.

5. 불린 쌀은 물 100㎖를 넣어 갈아요.

6. 냄비에 갈아놓은 쌀과 닭고기, 브로콜리, 물 150㎖를 넣고 한소끔 끓으면 약불로 줄여 7~8분 정도 더 끓여 완성해요.

8 닭고기 단호박미음

30분

소화에 도움을 주고 눈 건강에도 좋은 단호박은 껍질이 진한 초록색일수록 달고 맛있답니다.
껍질과 씨를 꼼꼼히 제거하고 노란 과육 부분만 사용해주세요.
담백하고 부드러운 닭고기에 단호박을 더해 단맛과 향을 살렸어요.

재료

☐ 닭고기 안심 20g ☐ 단호박 10g ☐ 불린 쌀 30g ☐ 물 250㎖

 만드는 법

1 단호박은 껍질과 씨를 제거해요.

2 단호박을 한 김 오른 찜기에 넣어 8분 정도 익혀요.
Tip – 전자레인지를 이용해 익혀도 돼요.

3 닭고기는 끓는 물에 넣어 5분 정도 익혀요.

4 닭고기를 곱게 칼로 다진 후 절구에 한 번 더 으깨요.

5 단호박은 매셔나 칼날을 이용해 잘게 으깨요.

6 불린 쌀은 물 100㎖를 넣어 갈아요.

7 냄비에 갈아놓은 쌀과 닭고기, 단호박, 물 150㎖를 넣고 한소끔 끓으면 약불로 줄여 7~8분 정도 끓여 완성해요.

9 무미음

20분

천연 소화제라고 불리기도 하는 무는 속을 편안하게 하지요.
감기 예방에도 좋답니다. 특히 아기가 잔기침을 할 때 먹이면 좋아요.
수분과 섬유질이 풍부해 변비가 있는 아이에게도 도움이 된답니다.

재료

□ 무 20g □ 불린 쌀 30g □ 물 250㎖

만드는 법

1
무는 끓는 물에 2분간 데쳐요.

2
불려둔 쌀과 물 100㎖ 정도를 넣어 곱게 갈아요.

3
쌀이 곱게 갈리면 데쳐놓은 무를 넣어 함께 갈아요.

4
갈아놓은 재료를 넣고 남은 150㎖의 물을 넣어 한소끔 끓으면 약불로 줄여 7~8분 정도 더 끓여 완성해요.

10 소고기 무미음

무는 감기 걸린 아이에게 좋은 채소예요. 수분과 섬유질이 풍부해
변비가 있는 아이에게도 도움이 된답니다. 무를 고를 때는 단단하고
잔뿌리가 많지 않은 것을 고르세요. 무는 가을과 겨울에 맛이 훨씬 좋아요.

재료

☐ 소고기 안심 20g ☐ 무 20g ☐ 불린 쌀 30g ☐ 물 250㎖

만드는 법

1. 소고기는 찬물에 담가 20분 정도 핏물을 빼요.

2. 무는 끓는 물에 넣어 2분 정도 데쳐요.

3. 소고기는 끓는 물에 넣어 5분 정도 익혀요.

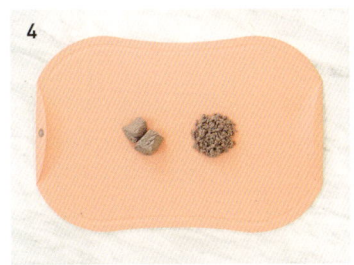

4. 소고기는 곱게 칼로 다진 후 절구로 한 번 더 으깨요.

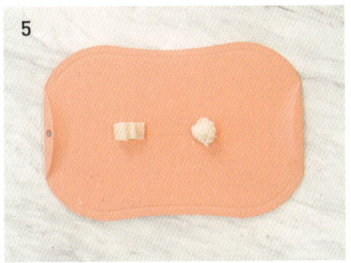

5. 무는 잘게 다져요.

6. 불린 쌀은 물 100㎖를 넣어 갈아요.

7. 냄비에 갈아놓은 쌀과 소고기, 무, 물 150㎖를 넣고 한소끔 끓으면 약불로 줄여 7~8분 정도 더 끓여 완성해요.

11 닭고기 무미음

20분

기침을 멎게 하는 데 도움을 주고 비타민 C가 풍부한 무는 감기에 걸린 아기에게 좋아요. 소화효소 성분이 많아 소화력이 약한 아기에게도 좋답니다. 무는 매운맛이 적고 단맛이 많이 나는 것이 맛있는데요. 고를 때는 잔털이 적고 묵직한 것을 고르세요.

재료

□ 닭고기 안심 20g □ 무 10g □ 불린 쌀 30g □ 물 250㎖

 **만드는 법**

1. 무는 끓는 물에 2분 정도 데쳐요.

2. 닭고기는 끓는 물에 넣어 5분 정도 익혀요.

3. 닭고기는 곱게 칼로 다진 후 절구에 한 번 더 으깨요.

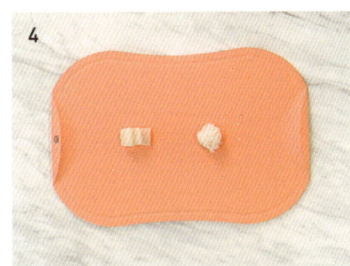

4. 무는 칼로 잘게 다져요.

Tip - 믹서기나 핸드블랜더를 이용해도 좋아요.

5. 불린 쌀은 물 100㎖를 넣어 갈아요.

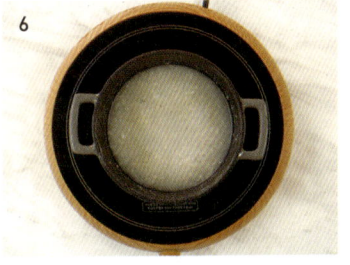

6. 냄비에 갈아놓은 쌀과 닭고기, 무, 물 150㎖를 넣고 한소끔 끓으면 약불로 줄여 7~8분 정도 끓여 완성해요.

12 애호박 고구마미음

20분

애호박에는 두뇌발달에 도움을 주는 레시틴과 기타 비타민, 미네랄이 풍부해요.
다만 양쪽 끝과 껍질 부분은 식이섬유가 많고 단단하므로 이유식 초기에는 가운데 부분의
속살만 이용하세요. 비타민 C와 식이섬유가 풍부한 고구마는 변비 있는 아기들에게 도움이 됩니다.

재료

☐ 애호박 20g ☐ 고구마 10g ☐ 불린 쌀 30g ☐ 물 250㎖

 만드는 법

1. 애호박은 껍질과 씨를 제거해요.

2. 고구마는 껍질을 벗기고 한입 크기로 썰어요.
Tip - 단맛을 더 내고 싶다면 고구마를 쪄서 으깨주세요.

3. 손질한 애호박은 끓는 물에 넣어 1분간 데쳐요.

4. 애호박, 고구마를 넣고 물을 조금 넣어 갈아요.

5. 불린 쌀은 물 100㎖를 넣어 곱게 갈아요.

6. 갈아놓은 재료를 넣고 남은 물 150㎖를 넣어 한소끔 끓으면 약불로 줄여 7~8분 정도 더 끓여 완성해요.

13 소고기 단호박미음

단호박은 단맛이 있어 아기들이 비교적 잘 먹는 채소예요. 단호박을 고를 때는 겉에 상처가 없고 깨끗한지 확인하세요. 들었을 때 묵직한 느낌이 드는 것을 고르는 것이 좋고 꼭지가 잘 말라있을수록 당도가 높을 가능성이 높답니다. 남은 단호박은 씨를 긁어내고 랩을 씌워 보관합니다.

재료

☐ 소고기 안심 20g ☐ 단호박 10g ☐ 불린 쌀 30g ☐ 물 250㎖

 만드는 법

1. 소고기는 찬물에 20분 정도 담가 핏물을 빼요.

2. 단호박은 껍질을 벗기고 씨를 제거해요.

3. 단호박을 한 김 오른 찜기에 8분 정도 쪄요.
Tip – 전자레인지를 이용할 경우 3분 정도 익혀요.

4. 불린 쌀은 물 100㎖를 넣어 갈아요.

5. 소고기는 끓는 물에 5분 정도 익혀요.

6. 단호박은 매셔를 이용해 곱게 으깨요.

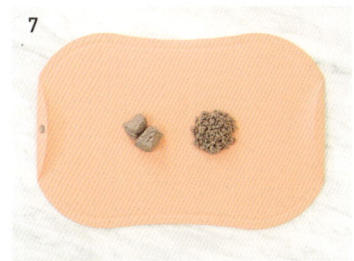

7. 소고기는 곱게 칼로 다진 후 절구에 한 번 더 으깨요.

8. 갈아놓은 쌀과 준비한 재료, 물 150㎖를 넣고 한소끔 끓으면 약불로 줄여 7~8분 정도 더 끓여 완성해요.

14 소고기 애호박미음

20분

애호박은 알레르기가 비교적 덜 일어나는 식품이며 장을 편안하게 해줍니다.
양쪽 끝과 껍질 부분에는 식이섬유가 많고 단단하므로 이유식 초기에는 가운데 부분의 속살만 이용하세요.

재료

☐ 소고기 안심 20g　☐ 애호박 10g　☐ 불린 쌀 30g　☐ 물 250㎖

만드는 법

1. 소고기는 찬물에 담가 20분 정도 핏물을 빼요.

2. 애호박은 껍질을 벗기고 씨를 제거해요.

3. 불린 쌀은 물 100㎖를 넣어 갈아요.

4. 끓는 물에 애호박을 넣어 1분 정도 데쳐내요.

5. 소고기는 끓는 물에 5분 정도 익혀요.

6. 애호박은 칼로 곱게 다져요.

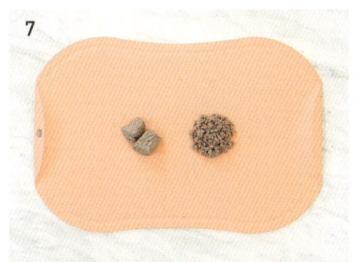

7. 소고기는 곱게 칼로 다진 후 절구에 한 번 더 으깨요.

8. 갈아놓은 쌀과 소고기, 애호박, 물 150㎖를 넣고 한소끔 끓으면 약불로 줄여 7~8분 정도 더 끓여 완성해요.

15 닭고기 애호박미음

20분

닭고기는 철분 함량이 무척 높은 소고기 다음에 주로 활용하게 되는데요.
가급적이면 무항생제 닭고기를 사용해주세요. 애호박을 넣어 달콤함을 더하고
비타민, 섬유질, 미네랄 등 영양분도 높였어요.

재료

☐ 닭고기 안심 20g ☐ 애호박 10g ☐ 불린 쌀 30g ☐ 물 250㎖

만드는 법

1. 애호박은 껍질과 씨를 제거해요.

2. 애호박을 끓는 물에 넣어 2분 정도 데쳐요.

3. 닭고기는 끓는 물에 넣어 5분 정도 익혀요.

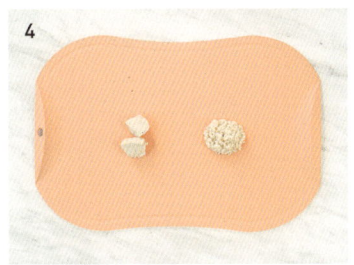

4. 닭고기를 곱게 칼로 다진 후 절구로 한 번 더 으깨요.

5. 애호박은 잘게 다져요.

6. 불린 쌀은 물 100㎖를 넣어 갈아요.

7. 냄비에 갈아놓은 쌀과 준비한 재료, 물 150㎖를 넣고 한소끔 끓으면 약불로 줄이고 7~8분 정도 더 끓여 완성해요.

16 차조 바나나미음

차조는 각종 무기질과 비타민, 식이 섬유가 풍부해서 쌀에 부족한 영양을 보충해줍니다.
또한 소화도 잘 되고 알레르기에도 비교적 안전한 곡식이에요.
아기가 토했을 때 속을 가라앉히고 부드럽게 달래는 데도 좋답니다.
차조는 알갱이가 작아서 고운체에 넣어 흐르는 물에 씻으면 좋습니다. 충분히 불려서 사용해주세요.

재료

☐ 바나나 10g　☐ 불린 차조 10g　☐ 불린 쌀 30g　☐ 물 350㎖

Tip - 덜 익은 바나나는 변비를 유발하니 반점이 생긴 잘 익은 바나나를 사용해요.

 **만드는 법**

1

불린 쌀, 불린 차조는 물 100㎖를 넣어 믹서기에 곱게 갈아요.

2

바나나는 거름망 또는 칼면을 이용해 으깨요.

3

냄비에 갈아놓은 쌀, 차조와 바나나, 물 250㎖를 넣어 한소끔 끓으면 약불로 줄여 7~8분 정도 더 끓여 완성해요.

17 소고기 당근미음

20분

당근은 비타민 A가 풍부해 눈 건강에 도움을 주고 면역력도 강화해줘요.
또한 설사를 멈추게 하니 아이가 묽은 변을 볼 때 먹이면 좋아요. 하지만 당근은 질산염 함량이 높으므로
6개월 이후에 사용하기를 권장합니다. 특히 오래 보관하면 질산염의 함유량이 높아져
빈혈을 일으킬 수 있으니 신선한 것만 사용해야 한다는 점 유의하세요.

재료

☐ 소고기 안심 20g ☐ 당근 10g ☐ 불린 쌀 30g ☐ 물 250㎖

Tip - 당근은 만 6개월 이전에는 사용하지 않는 것이 좋아요.

 만드는 법

1. 소고기는 찬물에 20분 정도 담가 핏물을 빼요.

2. 당근은 끓는 물에 넣어 2분 정도 데쳐내요.

3. 소고기는 끓는 물에 넣어 5분 정도 익혀요.

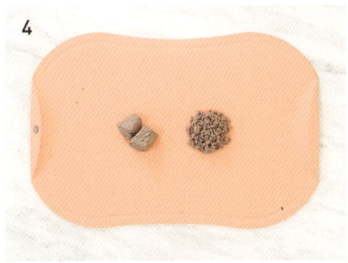

4. 소고기는 곱게 칼로 다진 후 절구에 한 번 더 으깨요.

5. 당근은 믹서기나 핸드블렌더를 이용해 잘게 다져요.

6. 불린 쌀은 물 100㎖를 넣어 갈아요.

7. 냄비에 갈아놓은 쌀과 소고기, 당근, 물 150㎖를 넣고 한소끔 끓으면 약불로 줄여 7~8분 정도 더 끓여 완성해요.

18

닭고기 당근미음

20분

단백질이 풍부한 닭고기에 눈건강에 좋고 면연력도 강화시켜주는 당근을 더해 영양을 높였어요.
당근은 다른 음식과 같은 시간 동안 조리하면 흡수되지 못할 수 있기 때문에 미리 익힌 후에
잘게 다져서 이유식 식재료와 섞어 사용하는 것이 좋습니다.

재료

☐ 닭고기 안심 20g ☐ 당근 10g ☐ 불린 쌀 30g ☐ 물 250㎖

Tip - 당근은 만 6개월 이전에는 사용하지 않는 것이 좋아요.

 **만드는 법**

1. 당근은 끓는 물에 넣어 2분 정도 데쳐요.

2. 닭고기는 끓는 물에 넣어 5분 정도 익혀요.

3. 닭고기를 곱게 칼로 다진 후 절구에 한 번 더 으깨요.

4. 당근은 잘게 다져요.

5. 불린 쌀은 물 100㎖를 넣어 갈아요.

6. 냄비에 갈아놓은 쌀과 닭고기, 당근, 물 150㎖를 넣고 한소끔 끓으면 약불로 줄여 7~8분 정도 더 끓여 완성해요.

19 당근 사과미음

사과는 아기에게 가장 먼저 먹일 수 있는 과일이지요.
갈아 먹이면 소화에 도움이 되고 설사를 완화하는 효과도 있어요.
당근은 식이섬유가 풍부하고, 비타민 A와 베타카로틴을 함유하고 있어 시력을 좋아지게 한답니다.

재료

☐ 사과 10g ☐ 당근 10g ☐ 불린 쌀 30g ☐ 물 250㎖

만드는 법

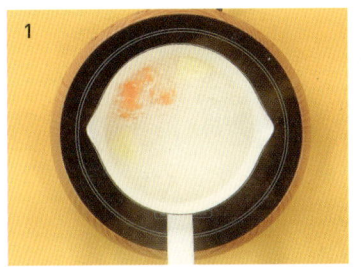

1. 사과, 당근은 끓는 물에 1분간 데쳐 내요.

2. 불린 쌀은 물 100㎖를 넣어 곱게 갈아요.

3. 쌀을 곱게 간 다음 사과, 당근을 넣어 한 번 더 갈아요.

4. 냄비에 갈아놓은 재료와 물 150㎖를 넣고 한소끔 끓으면 약불로 줄여 7~8분 정도 더 끓여 완성해요.

20 당근 배미음

비타민 A와 베타카로틴이 풍부한 당근은 시력 발달에 도움을 주지요.
다만 오래 보관하면 질산염의 함유량이 높아지니 신선한 것을 사용해주세요.
배는 아기에게 가장 먼저 먹일 수 있는 과일로 감기에 걸렸을 때 먹이면 좋답니다.

재료

☐ 당근 10g　☐ 배 10g　☐ 불린 쌀 30g　☐ 물 250㎖

만드는 법

1. 당근과 배는 껍질을 벗겨 끓는 물에 1분간 데쳐내요.

2. 불린 쌀은 물 100㎖를 넣어 곱게 갈아요.

3. 쌀을 곱게 간 다음 당근, 배를 넣고 한 번 더 갈아요.

4. 갈아놓은 재료와 남은 물 150㎖를 넣고 한소끔 끓으면 약불로 줄여 7~8분 정도 더 끓여 완성해요.

21 고구마 청경채 미음

비타민 C와 식이섬유가 풍부한 고구마는 변비 있는 아기들에게 도움이 됩니다.
단맛이 나기 때문에 식욕이 떨어진 아기들에게도 좋지요.
청경채를 더해 칼슘 등 영양을 추가했는데요. 청경채, 당근, 비트 등은 질산염이 많은 편이라
만 6개월 이전에는 사용하지 않는 것이 좋습니다.

재료

☐ 고구마 20g ☐ 청경채 10g ☐ 불린 쌀 30g ☐ 물 250㎖

 **만드는 법**

1. 고구마는 껍질을 벗기고 청경채는 잎만 잘라내요. 청경채는 30초, 고구마는 2분간 끓는 물에 삶아요.

Tip - 단맛을 더 주고 싶다면 고구마를 쪄서 으깨 주세요.

2. 불린 쌀은 물 100㎖를 넣어 곱게 갈아요.

3. 쌀을 곱게 간 후 고구마, 청경채를 넣어 함께 갈아요.

4. 갈아놓은 재료와 물 150㎖를 넣고 한소끔 끓으면 약불로 줄인 후 7~8분 정도 더 끓여 완성해요.

22 소고기 청경채미음

20분

청경채는 칼슘과 무기질, 비타민 C가 풍부해 치아 발달과 성장에 도움이 된답니다.
줄기 부분이 거칠어 부드러운 잎 부분만 사용하는 것이 좋아요.

재료

☐ 소고기 안심 20g ☐ 청경채 10g ☐ 불린 쌀 30g ☐ 물 250㎖

만드는 법

1. 소고기는 찬물에 담가 20분 정도 핏물을 빼요.

2. 청경채는 줄기는 제거하고 잎만 사용해요.

3. 청경채는 끓는 물에 넣어 1분 정도 데쳐요.

4. 소고기는 끓는 물에 넣어 5분 정도 익혀요.

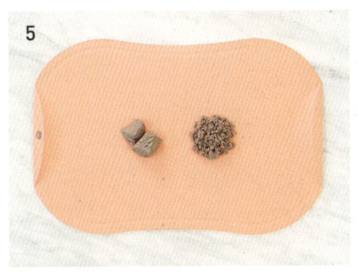

5. 소고기는 곱게 칼로 다진 후 절구에 한 번 더 으깨요.

6. 청경채는 칼로 곱게 다져요.

Tip - 믹서기나 핸드블랜더를 사용해도 좋아요.

7. 불린 쌀은 물 100㎖를 넣어 갈아요.

8. 냄비에 갈아놓은 쌀을 넣은 다음 안심과 청경채, 물 150㎖를 넣고 한소끔 끓으면 약불로 줄여 7~8분 정도 더 끓여 완성해요.

초기
2단계

간식

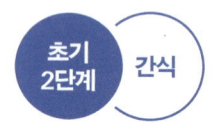

단호박퓌레

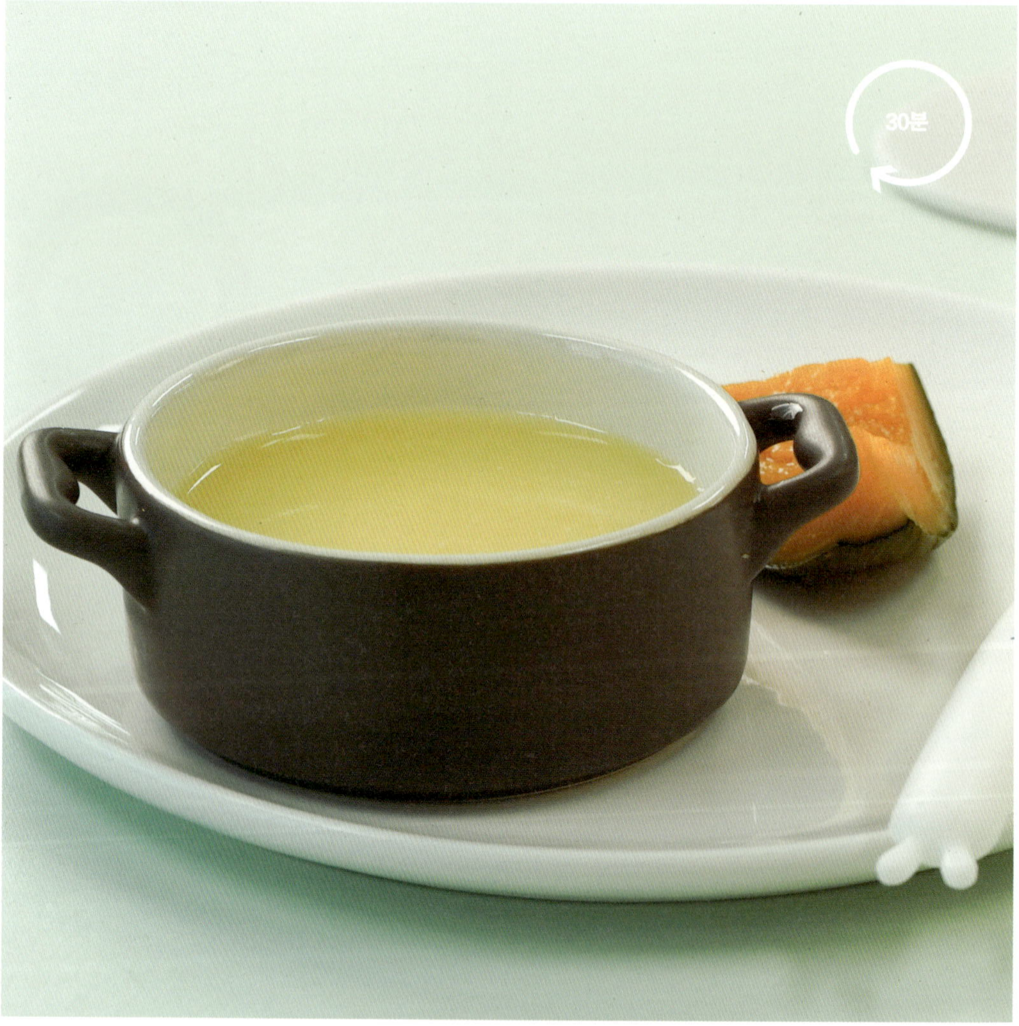

눈 건강에 좋고 비타민이 풍부해 감기를 예방해주는 단호박은
부드럽고 단맛이 풍부해 아기 간식으로 좋아요.

재료

☐ 단호박 100g
☐ 물 100㎖

단호박은 씨를 제거하고 한 김 오른 찜기에 올려 10분 정도 쪄요.

Tip – 단호박은 크기나 양에 따라 찌는 시간을 조절해주세요.

단호박의 껍질을 벗기고 매셔나 칼날을 이용해 으깨요.

냄비에 으깬 단호박과 물 100㎖를 넣어 되직하게 끓여요.

거름망에 걸러 완성해요.

초기
2단계
간식

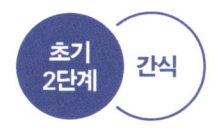

고구마퓌레

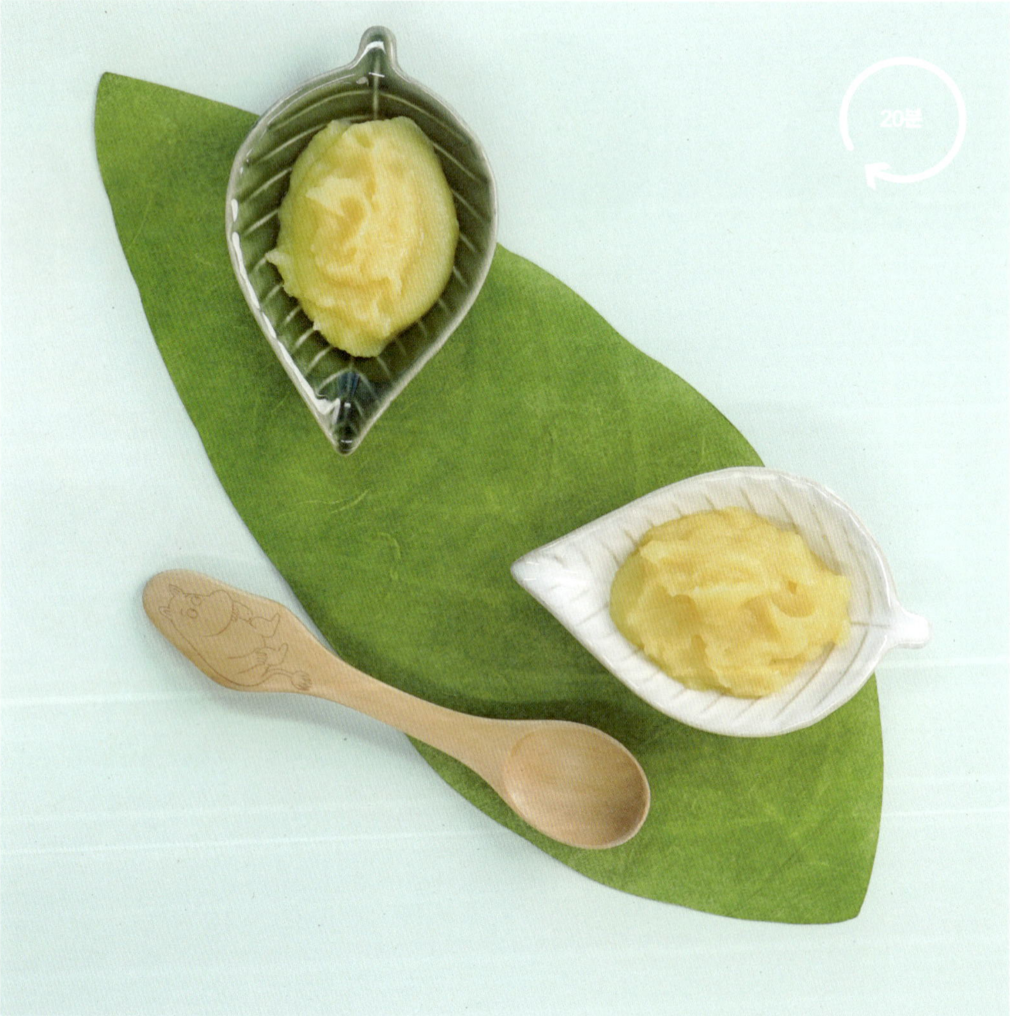

고구마는 식이섬유가 풍부해 장 운동을 활발하게 해주어 변비에 좋아요.
또한 단맛이 나기 때문에 식욕이 떨어진 아기들의 입맛을 돋게 한답니다.
고구마미음을 만들고 남은 고구마를 활용해 만들면 편리해요.

재료

☐ 고구마 100g
☐ 물 100㎖

고구마는 껍질을 제거하고 한 김 오른 찜기에 올려 10분 동안 쪄요.

Tip - 고구마 크기와 양에 따라 찌는 시간을 조절해주세요.

고구마는 매셔나 칼날을 이용해 으깨요.

으깨놓은 고구마에 물 100㎖를 넣어 섞어요.

물을 섞은 고구마를 체에 한 번 걸러 완성해요.

초기 2단계 간식

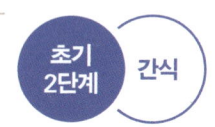

배퓌레

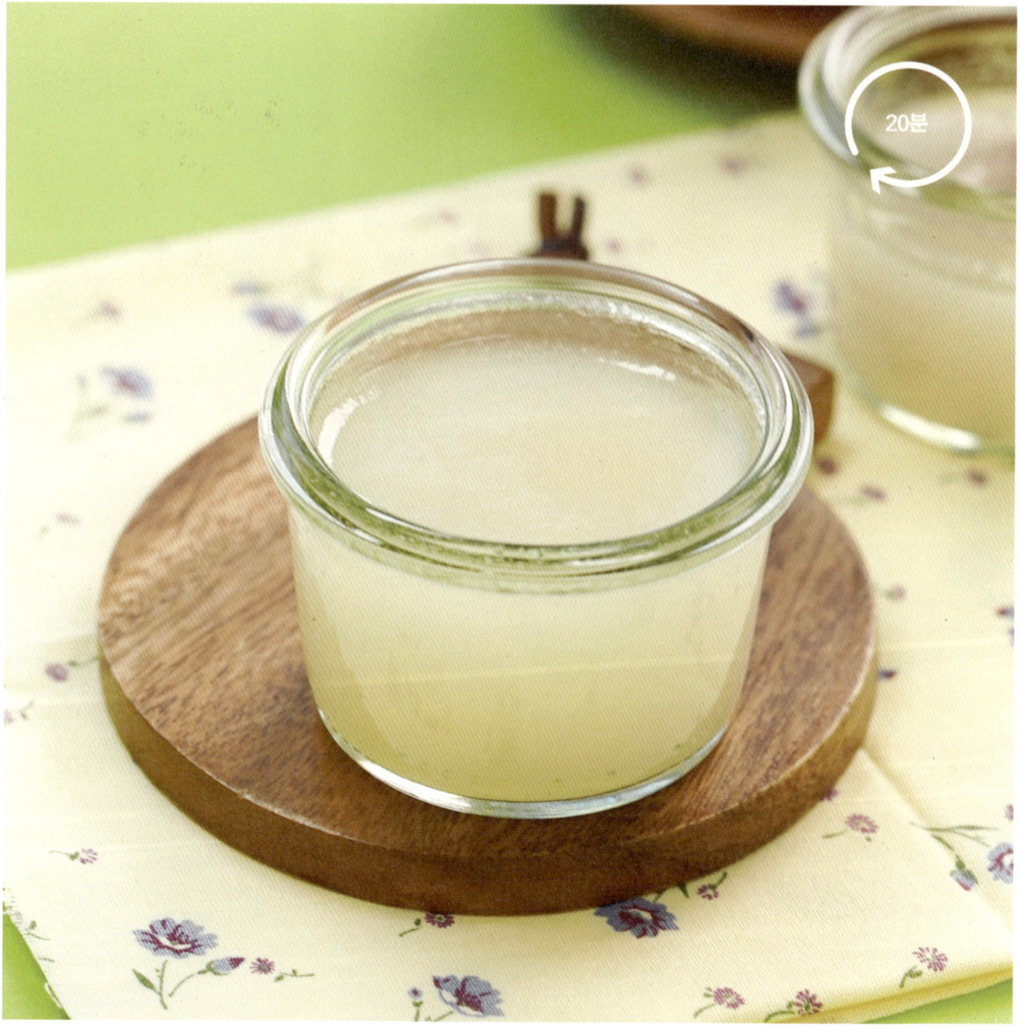

채소나 과일을 갈아 수분감이 충분히 있는 형태로 삶거나 찐 것이 퓌레입니다.
초기 이유식 단계에서는 아기가 딱딱한 과일을 그대로 먹을 수 없어서 퓌레로 만들어 간식으로 주면 좋습니다.
하지만 과일 퓌레는 단맛이 강하므로 초기 2단계 후기에 조금씩만 먹이는 게 좋아요.
수분이 많고 단맛이 나서 아기들이 좋아하는 배로 퓌레를 만들어볼까요?

재료

☐ 배 100g
☐ 물 50㎖

배는 껍질을 벗겨 씨와 딱딱한 속 부분을 제거해요.

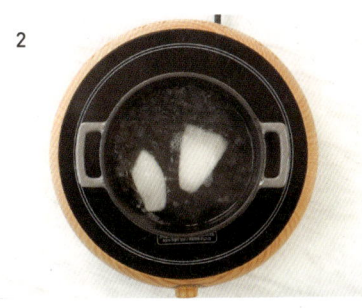

끓는 물에 1분간 데쳐요.

배와 물 50㎖를 믹서기에 넣고 곱게 갈아요.

갈아놓은 배를 체에 한 번 걸러요.

냄비에 넣어 되직한 농도가 될 때까지 조려서 완성해요.

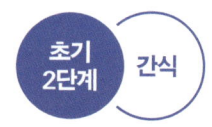

초기 2단계 간식

사과퓌레

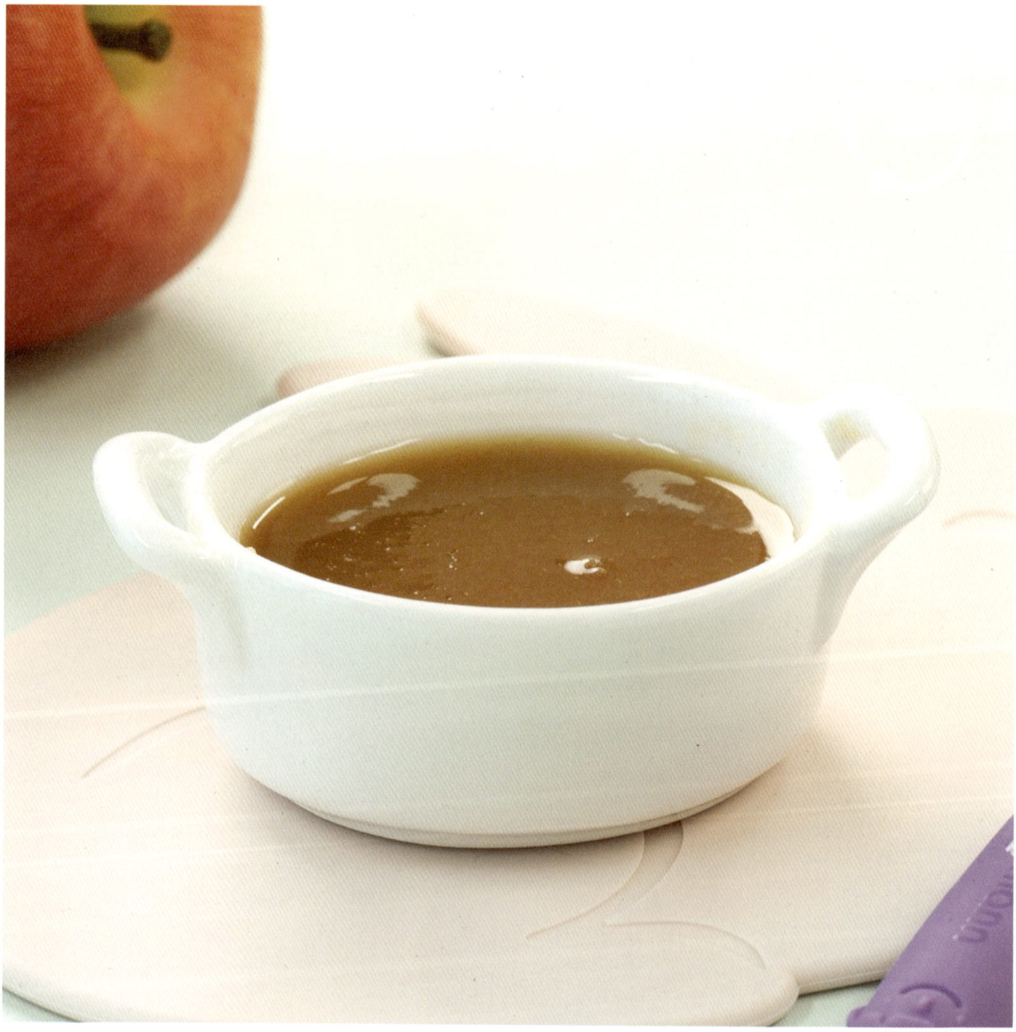

사과는 달콤하고 상큼한 맛으로 아기의 입맛을 돋워줍니다.
하지만 풋사과나 맛이 너무 신 사과는 피하는 것이 좋아요. 빨갛게 잘 익은 부사가 적당합니다.
사과는 쉽게 갈변하니 먹기 직전에 조리해주세요.

재료

☐ 사과 100g
☐ 물 80㎖

사과는 껍질을 벗겨 씨를 제거한 다음 끓는 물에 1분간 데쳐요.

사과를 물 80㎖와 함께 믹서기에 넣어 곱게 갈아요.

갈아놓은 사과를 거름망에 걸러요.

냄비에 넣어 되직한 농도가 될 때까지 조려서 완성해요.

Tip - 과일 퓨레는 단맛이 강하므로 초기 2단계의 후기에 조금씩만 먹이는 게 좋아요.

바나나퓌레

20분

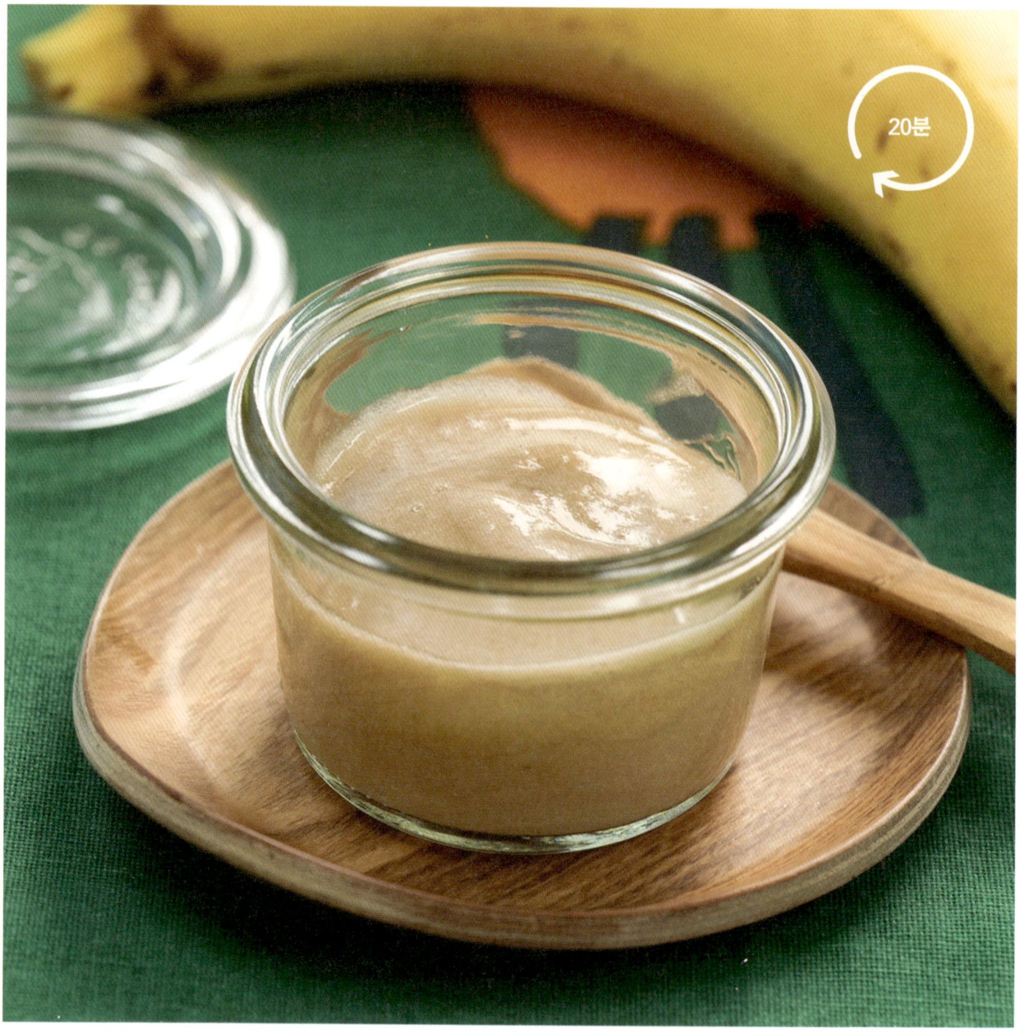

바나나는 부드럽고 달콤하며 시지 않아 아기들이 잘 먹는데요.
덜 익은 바나나는 변비를 유발할 수 있어요. 껍질에 검은 반점이 생길 때가
가장 먹기 좋은 상태이니 숙성되지 않은 바나나는 상온 보관하여 숙성시켜 주세요.

재료

☐ 바나나 100g
☐ 물 100㎖

1. 바나나는 껍질을 벗겨 등분하고 끓는 물에 1분간 데쳐요.

2. 바나나와 물 100㎖를 곱게 갈아요.

3. 갈아놓은 바나나를 체에 한 번 걸러요.

4. 냄비에 넣어 되직한 농도가 될 때까지 조려서 완성해요.

Tip - 과일 퓌레는 단맛이 강하므로 초기 2단계 후기에 조금씩만 먹이는 게 좋아요.

중기 이유식

만 6~9개월

이유식과 분유 양

이유식
80~120㎖씩
하루 두 번

모유 또는 분유
700~800㎖

입자 크기와 농도

쌀
죽: 불린 쌀과 물의 비율이 1:7인 7배죽
쌀알 1/3 크기로 으깨거나 갈아서 끓여요.

고기
익힌 고기를 3mm 크기로 썰어요.

채소
익혀서 3mm 크기로 썰어요.

중기를 시작하기 전에

◆ 다양한 음식과 친해지는 시기
이 시기에는 다양한 음식을 경험하게 해주는 것이 중요합니다. 처음 접한 음식은 밀어낼 수도 있어요. 하지만 안 먹는 음식을 좋아하는 다양한 음식들과 섞어가며 10번 이상 먹으면 익숙해질 수 있답니다. 새로운 음식 재료는 3~4일에 한 가지씩 첨가하는 것이 알레르기 발생 여부를 확인하기 좋으며 이미 알레르기가 없는 것으로 확인된 다양한 음식을 조합해서 먹이시면 됩니다.

◆ 이유식과 수유
이유식의 양과 횟수는 차츰차츰 늘려가세요. 잘 먹으면 6개월부터 하루 2번 먹기 시작해도 됩니다. 한 번에 먹는 이유식 양이 80~100㎖ 이상으로 늘어나게 되면 수유는 따로 떼어서 하는 것이 좋습니다.

◆ 아기의 응가를 확인하세요
이유식을 시작하면 변의 형상이 달라집니다. 모유나 분유만 먹을 때 대장에서 수분을 충분히 흡수해왔기 때문에 고형식을 먹고 나서도 장에서 지나치게 수분을 많이 흡수해 변비가 생길 수 있답니다. 변비의 기준은 성인과 달리 횟수보다 변의 형상이 더욱 중요합니다. 하루에 2~3번 변을 보더라도 토끼 똥처럼 동그랗고 단단한 변을 보거나 항문이 찢어져 피가 난다면 변비로 봅니다. 변비는 대부분 물을 더 많이 먹이고 섬유질이 풍부한 야채를 좀 더 추가해 먹이면 괜찮아집니다. 그럼에도 해결되지 않으면 병원에서 진료를 받고 변비약을 처방받아 먹여야 할 수 있습니다. 설사처럼 너무 변이 묽다면 과일이나 채소를 너무 많이 먹이고 있지는 않는지 확인해보세요.

아기의 소화기관은 미숙하기 때문에 변의 색이나 모양이 먹은 음식에 많은 영향을 받는 편입니다. 특히 당근같이 단단한 음식은 먹은 것이 그대로 나오는 것처럼 보이는 경우가 종종 있는데요. 이럴 때에도 대부분은 소화 흡수가 되고 일부가 변으로 나온 경우가 많습니다. 그대로 주어도 괜찮지만 정말 많은 양이 그대로 나온다면 좀 더 푹 익혀주세요.

수박이나 토마토를 많이 먹인 경우 변에서 피가 나온 것처럼 보일 수 있으며 철분제를 따로 먹이면 변 색깔이 까맣게 변합니다. 콧물과 같은 끈적이는 변이 나올 때는 이상이 없는 경우가 대부분이지만 장염인 경우가 있으니 사진을 찍어서 의사에게 보여 확인해보는 것도 필요합니다.

중기 한 달 식단

식단을 짤 때 참고할 수 있는 식단표입니다. 반드시 이 순서를 지킬 필요는 없어요. 구하기 쉽고 본인이 잘 사용하는 재료로 만들어주시면 됩니다.

		1일	2일	3일	4일	5일	6일	7일
1주차	오전	소고기 완두죽			고구마 브로콜리 소고기죽			소고기 시금치죽
	오후	닭고기 무죽			감자 애호박 닭고기죽			고구마 당근 닭고기죽
		8일	9일	10일	11일	12일	13일	14일
2주차	오전	소고기 시금치죽			검은깨 소고기죽			소고기 새송이죽
	오후	고구마 당근 닭고기죽			감자 시금치죽			소고기 당근죽
		15일	16일	17일	18일	19일	20일	21일
3주차	오전	소고기 새송이죽	소고기 콜리플라워죽				닭고기 밤죽	
	오후	소고기 당근죽	닭고기 시금치죽				소고기 완두죽	
		22일	23일	24일	25일	26일	27일	28일
4주차	오전	연두부 배추죽			소고기 미역죽			표고 밤 소고기죽
	오후	고구마 배 소고기죽			흑미 시금치 소고기죽			단호박 무 닭고기죽
		29일	30일					
5주차	오전	표고 밤 소고기죽						
	오후	단호박 무 닭고기죽						

* 가급적 오전에 새로운 음식을 시도해보는 것으로 식단표를 작성하였습니다.
* 3일간 같은 음식을 먹는 것으로 짜보았으나 매끼 바꿔서 먹이고 싶으신 경우 새로 추가하는 재료를 3일간 기존에 먹어보았던 음식과 섞어서 넣으며 바꿔주시면 됩니다.
* 아토피 피부염이나 음식알레르기가 있는 경우 새로운 음식은 4~5일 간격으로 추가하실 것을 권장드립니다.

중기 | 만 6~9개월

1 소고기 시금치죽

25분

이유식 중기에 가장 중요한 것은 철분 흡수율을 높이는 것이에요. 따라서 소고기는 중기 이유식의 필수 재료랍니다. 또한 중기는 약간 입자감 있게 바꾸어주는 시기입니다. 6~7개월이 되면 잇몸으로 음식물을 으깨어 먹을 수 있으니까요. 살짝 단단한 것도 먹는 연습을 할 수 있도록 도와주세요. 걸쭉한 죽 정도의 농도면 적당합니다. 철분이 풍부한 소고기와 철분 흡수를 돕는 푸른 채소는 궁합이 아주 좋답니다. 특히 시금치는 비타민, 칼슘, 철분 등이 풍부하고 향과 맛이 순해 이유식에 좋은 채소예요.

재료

☐ 소고기 안심 30g ☐ 시금치 10g ☐ 불린 쌀 40g ☐ 물 280㎖

 **만드는 법**

1. 불린 쌀은 물 100㎖를 넣고 믹서기나 절구를 이용해서 1/3 크기(3mm)로 으깨거나 갈아요.

Tip - 입자가 커서 아이가 잘 먹지 않는다면 크기를 조절해주세요.

2. 시금치는 끓는 물에 넣어 30초 정도 데쳐요.

3. 소고기는 끓는 물에 넣어 3분 이상 익혀요.

Tip - 소고기는 미리 찬물에 20분 이상 담가 핏물을 빼주세요.

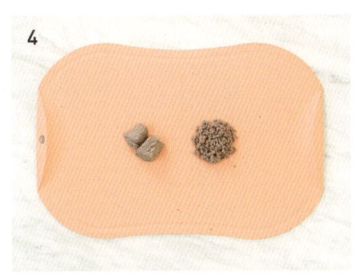

4. 삶은 소고기를 3mm 크기로 다져요.

5. 시금치를 쌀알 3mm 크기로 다져요.

6. 갈아놓은 쌀, 다진 소고기, 다진 시금치, 남은 물 180㎖를 냄비에 넣어 센 불에 끓여요.

7. 한소끔 끓으면 중약불로 줄이고 쌀알이 퍼질 때까지 끓여 완성해요.

2 검은깨 소고기죽

25분

입자가 커져 아기가 잘 삼키지 못하더라도 여유를 가지고 지켜봐주세요. 숟가락에 익숙해지고 점점 커지는 입자에 적응하는 과정은 아기에게는 새로운 경험이니까요. 검은깨는 인지질과 비타민 E가 풍부해 피부 건조와 가려움증에 도움을 줄 수 있어요. 또한 리놀산, 올레인산 등의 불포화 지방산, 칼슘, 철분도 풍부해 이유식에 사용하기 좋은 식재료랍니다. 다만 알맹이 그대로 먹으면 아기가 소화하기 힘들어요. 볶은 다음 갈아야 소화가 잘 되지요. 많이 먹으면 아이가 설사를 할 수도 있으니 조심하세요.

재료

☐ 소고기 안심 30g ☐ 검은깨 20g ☐ 불린 쌀 40g ☐ 물 280㎖

 **만드는 법**

1. 불린 쌀은 물 100㎖를 넣고 믹서기나 절구를 이용해서 1/3 크기로 으깨거나 갈아요.
Tip - 입자가 커서 아이가 잘 먹지 않는다면 크기를 조절해주세요.

2. 검은깨는 약불로 예열한 팬에 살짝 볶아요.

3. 볶은 검은깨는 절구를 이용하여 갈아요.
Tip - 쌀과 함께 믹서기에 갈아도 좋아요.

4. 소고기는 끓는 물에 3분 이상 익혀요.
Tip - 소고기는 미리 찬물에 20분 이상 담가 핏물을 빼주세요.

5. 삶은 소고기는 3mm 크기로 다져요.

6. 냄비에 갈아놓은 쌀, 소고기, 검은깨, 남은 물 180㎖를 넣어 끓여요.

7. 한소끔 끓으면 중약불로 줄이고 쌀알이 퍼질 때까지 끓여 완성해요.

3 감자 시금치죽

25분

시금치는 철분과 식이섬유가 풍부해 빈혈 예방이나 변비 해소에 좋답니다. '땅속에서 나는 사과'라 불리는 감자는 이유식 재료로 딱 좋지요. 비타민이 풍부해 감기에 걸렸을 때 먹여도 좋아요. 오래 가열해도 전분질에 싸여 있어 비타민 C의 손실이 많지 않은 장점이 있는 채소랍니다. 하지만 오래 보관하면 질산염 함유량이 높아져 빈혈을 일으킬 수 있으니 신선한 것만 사용해주세요.

재료

☐ 감자 20g ☐ 시금치 10g ☐ 불린 쌀 40g ☐ 물 280㎖

Tip - 시금치 같은 푸른 잎 채소는 6개월 이후에 먹이는 것이 좋아요.

만드는 법

1. 불린 쌀은 물 100㎖를 넣고 믹서기나 절구를 이용해서 1/3 크기로 으깨거나 갈아요.
Tip - 입자가 커서 아이가 잘 먹지 않는다면 크기를 조절해주세요.

2. 감자는 끓는 물에 넣어 1분 정도 익혀요.

3. 시금치는 끓는 물에 넣어 30초 정도 데쳐요.

4. 시금치를 줄기 부분을 제거하고 잎 부분만 3mm 크기로 다져요.

5. 감자를 매셔로 으깨요.

6. 냄비에 갈아놓은 쌀, 감자, 시금치, 남은 물 180㎖를 넣어 끓여요.

7. 한소끔 끓으면 중약불로 줄이고 쌀알이 퍼질 때까지 끓여 완성해요.

4 닭고기 배추죽

배추에는 비타민과 칼슘, 칼륨 등 무기질이 풍부해요. 수분과 섬유질도 다량 함유되어 있지요.
그래서 아기가 감기에 걸렸을 때나 변비에 걸렸을 때 먹이면 좋답니다.
하얀 줄기보다는 부드러운 노란색 잎 부분을 주로 사용하면 좋답니다.

재료

- 닭고기 안심(또는 닭가슴살) 30g
- 배추 10g
- 불린 쌀 40g
- 물 280㎖

Tip - 배추는 만 6개월 이후에 먹이는 것이 좋아요.

 **만드는 법**

1. 불린 쌀은 물 100㎖를 넣고 믹서기나 절구를 이용해서 1/3 크기로 으깨거나 갈아요.
Tip - 입자가 커서 아이가 잘 먹지 않는다면 크기를 조절해주세요.

2. 배추는 끓는 물에 넣어 1분 정도 데쳐내요.

3. 닭고기는 끓는 물에 3분 이상 익혀내요.

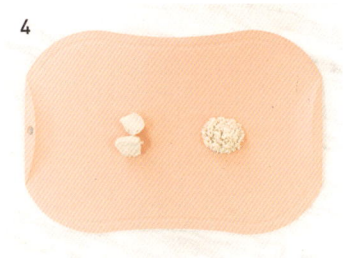

4. 삶은 닭고기를 3mm 크기로 다져요.

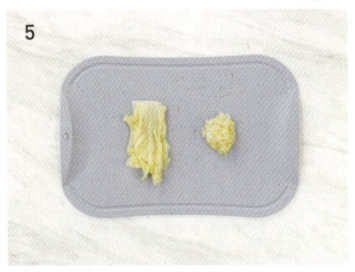

5. 배추를 3mm 크기로 다져요.

6. 갈아놓은 쌀, 다진 닭고기, 배추, 남은 물 180㎖를 냄비에 넣어 센 불에 끓여요.

7. 한소끔 끓으면 중약불로 줄이고 쌀알이 퍼질 때까지 끓여 완성해요.

5 소고기 배추죽

식이섬유가 풍부해 변비에 도움을 주는 배추는 맛이 순하고 달아요. 하지만 오래 보관하면 질산염의 함량이 높아져서 빈혈을 일으킬 수도 있으니 신선한 것만 사용하세요. 배추 또한 다른 푸른 잎 채소처럼 6개월 이후에 먹이세요.

재료

☐ 소고기 안심 30g   ☐ 배추 10g   ☐ 불린 쌀 40g   ☐ 물 280㎖

만드는 법

1. 불린 쌀은 물 100㎖를 넣고 믹서기나 절구를 이용해서 1/3 크기로 으깨거나 갈아요.

2. 배추는 끓는 물에 1분 정도 데쳐요.

3. 소고기는 끓는 물에 넣어 3분 이상 익혀요.
Tip – 소고기는 미리 찬물에 20분 이상 담가 핏물을 빼주세요.

4. 삶은 배추를 3mm 크기로 다져요.

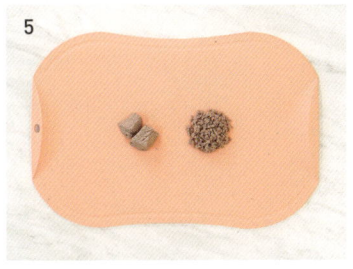

5. 삶은 소고기를 3mm 크기로 다져요.

6. 갈아놓은 쌀, 다진 소고기, 배추, 남은 물 180㎖를 냄비에 넣어 센 불에 끓여요.

7. 한소끔 끓으면 중약불로 줄이고 쌀알이 퍼질 때까지 끓여 완성해요.

6

닭고기 밤죽

25분

밤은 소화를 도와줄 뿐 아니라 단백질과 탄수화물이 풍부해 아기의 성장에도 좋답니다. 하지만 무기질이 많고 탄닌 성분이 있어 아기가 소화시키기 쉽지 않으니 7개월 이후에 먹이는 것이 좋아요. 또한 간혹 알레르기 반응을 보이는 아이도 있으니 유심히 확인해보셔야 합니다. 진공포장된 깐 밤은 보존제가 첨가되어 있을 수 있으니 생밤을 깐 후 삶아서 사용하거나 삶은 후 까서 사용하는 것이 좋겠지요?

재료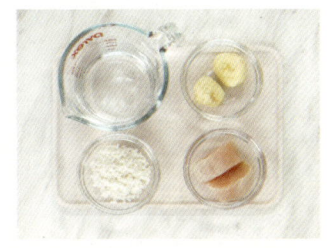

- 닭고기 안심(또는 닭가슴살) 30g
- 밤 10g
- 불린 쌀 40g
- 물 280㎖

만드는 법

1. 불린 쌀은 물 100㎖를 넣고 믹서기나 절구를 이용해서 1/3 크기로 으깨거나 갈아요.

2. 밤은 끓는 물에 1분 이상, 또는 찜기에 3분간 쪄내요.

3. 닭고기는 끓는 물에 3분 이상 익혀내요.

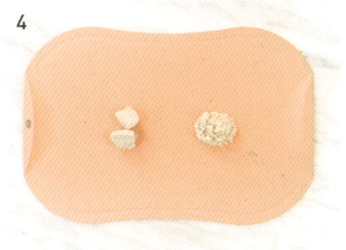

4. 삶은 닭고기를 3mm 크기로 다져요.

5. 밤을 3mm 크기로 다져요.

6. 갈아놓은 쌀, 다진 닭고기, 밤, 남은 물 180㎖를 냄비에 넣어 센 불에 끓여요.

7. 한소끔 끓으면 중약불로 줄이고 쌀알이 퍼질 때까지 끓여 완성해요.

7 새송이 두부죽

25분

버섯은 무기질과 단백질을 고루 갖춘 식재료랍니다. 향긋한 새송이버섯에 부드러운 식감의 두부를 더해 만든 새송이두부죽은 단백질이 풍부해 성장 발달에 도움을 줍니다. 버섯은 상처가 없고 조직이 단단한 것을 고르세요. 두부는 유화제, 소포제 등의 화학첨가물이 들어가 있지는 않은 것을 고르면 됩니다. 또한 'GMO-FREE'도 확인해주세요.

재료

☐ 새송이버섯 20g ☐ 두부 20g ☐ 불린 쌀 40g ☐ 물 280㎖

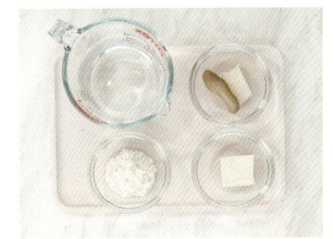

만드는 법

1. 불린 쌀은 물 100㎖를 넣고 믹서기나 절구를 이용해서 1/3 크기로 으깨거나 갈아요.

2. 끓는 물에 두부를 1분 이상 데쳐요.

3. 끓는 물에 새송이버섯을 1분 이상 데쳐요.

Tip - 새송이버섯은 밑둥을 제거하고 사용해요.

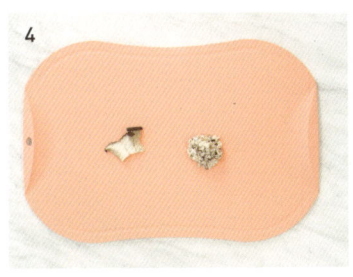

4. 데친 새송이버섯은 3mm 크기로 다져요.

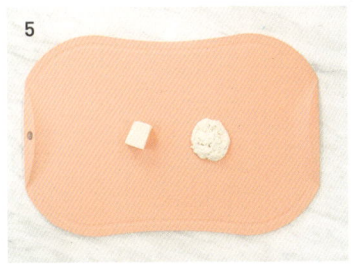

5. 데친 두부는 칼이나 채반을 이용해 으깨요.

6. 준비한 재료를 넣고 남은 물 180㎖를 넣어 센 불로 한소끔 끓여요.

7. 한소끔 끓어오르면 중약불로 줄이고 쌀알이 퍼질 때까지 끓여 완성해요.

8 소고기 새송이죽

철분은 비타민 C가 풍부한 식품과 함께 섭취하면 흡수율이 높아진답니다. 새송이버섯은 비타민 C가 많이 함유돼 있어 철분이 풍부한 소고기와 함께 먹으면 철분 흡수율이 좋아져요. 식감이 독특하여 아기의 흥미를 일으키기에도 좋답니다.

재료

☐ 소고기 30g ☐ 새송이버섯 10g ☐ 불린 쌀 40g ☐ 물 280㎖

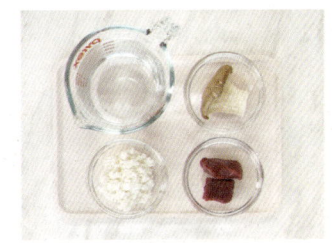

만드는 법

1. 불린 쌀은 물 100㎖를 넣고 믹서기나 절구를 이용해서 1/3 크기로 으깨거나 갈아요.

2. 소고기는 찬물에 담가 20분 정도 핏물을 제거해요.

3. 끓는 물에 소고기를 넣어 3분 이상 삶아요.

4. 새송이버섯은 끓는 물에 넣어 1분 정도 데쳐요.

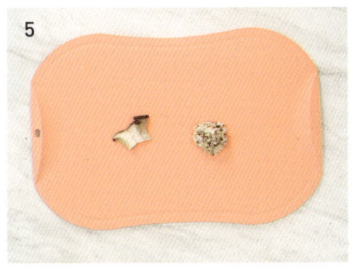

5. 소고기와 새송이버섯은 3mm 크기로 다져요.

6. 냄비에 갈아놓은 쌀, 소고기, 새송이버섯, 남은 물 180㎖를 넣어 끓여요.

7. 한소끔 끓으면 중약불로 줄이고 쌀알이 퍼질 때까지 끓여 완성해요.

9 찹쌀 시금치죽

25분

위를 편하게 해주는 찹쌀에 비타민과 무기질이 풍부한 시금치를 더했어요. 찹쌀은 소화가 잘 되고 식이섬유가 풍부하다는 장점이 있지요. 쌀과 마찬가지로 시판 찹쌀가루보다는 불린 찹쌀을 조리 전에 갈아 사용하는 것이 알레르기 예방에 좋답니다.

재료

☐ 찹쌀 20g ☐ 불린 쌀 40g ☐ 시금치 10g ☐ 물 400㎖

만드는 법

1. 불린 쌀과 찹쌀은 물 100㎖를 넣고 믹서기나 절구를 이용해서 1/3 크기로 으깨거나 갈아요.

2. 시금치는 끓는 물에 넣어 30초 정도 데쳐요.

3. 시금치는 3mm 크기로 다져요.

Tip - 시금치는 줄기를 제거하고 잎 부분만 사용해요.

4. 냄비에 갈아놓은 쌀, 찹쌀, 시금치, 남은 물 300㎖를 넣어 끓여요.

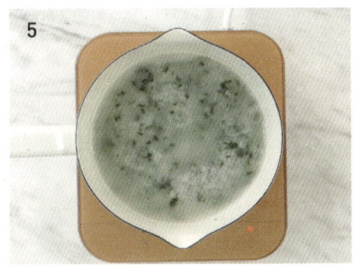

5. 한소끔 끓으면 중약불로 줄이고 쌀알이 퍼질 때까지 끓여 완성해요.

10
소고기 완두죽

25분

고소하고 단맛이 나는 완두콩은 단백질, 철분, 칼슘 등이 들어있어 성장 발달에 도움이 됩니다. 식이섬유도 풍부해 변비가 있는 아기에게도 좋지요. 다만 껍질이 목에 걸릴 수 있기 때문에 가급적이면 껍질을 벗기고 알맹이만 사용하는 것이 좋답니다.

재료

- 소고기 30g
- 완두콩 10g
- 불린 쌀 40g
- 물 280㎖

만드는 법

1. 불린 쌀은 물 100㎖를 넣고 믹서기나 절구를 이용해서 1/3 크기로 으깨거나 갈아요.

2. 완두는 끓는 물에 넣어 5~8분 정도 삶아요.

Tip - 생완두콩이면 미리 물에 불려주고 자숙 완두는 살짝 삶아주세요.

3. 소고기는 미리 찬물에 20분 이상 담가 핏물을 빼주세요.

4. 소고기를 끓는 물에 3분 이상 익혀내요.

5. 삶은 완두는 껍질을 벗겨 절구에 으깨거나 칼로 다져요.

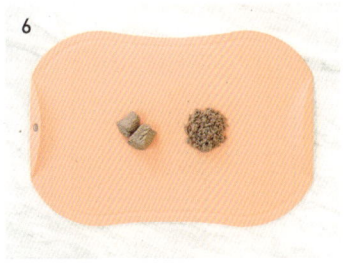

6. 소고기는 3mm 크기로 다져요.

7. 냄비에 갈아놓은 쌀, 소고기, 완두, 남은 물 180㎖를 넣어 끓여요.

8. 한소끔 끓으면 중약불로 줄이고 쌀알이 퍼질 때까지 끓여 완성해요.

11 소고기 콜리플라워죽

25분

콜리플라워의 풍부한 비타민 C는 가열해도 쉽게 손실되지 않습니다. 각종 비타민과 무기질이 함유되어 있어 감기 예방과 두뇌 발달에도 도움을 줍니다.

재료

☐ 소고기 안심 30g   ☐ 콜리플라워 10g   ☐ 불린 쌀 40g   ☐ 물 280㎖

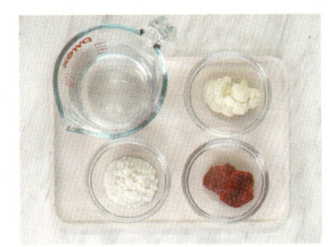

🍲 만드는 법

1. 불린 쌀은 물 100㎖를 넣고 믹서기나 절구를 이용해서 1/3 크기로 으깨거나 갈아요.

2. 콜리플라워는 끓는 물에 30초 이상 데쳐요.

3. 소고기는 끓는 물에 3분 이상 익혀요.
Tip - 소고기는 미리 찬물에 20분 이상 담가 핏물을 빼주세요.

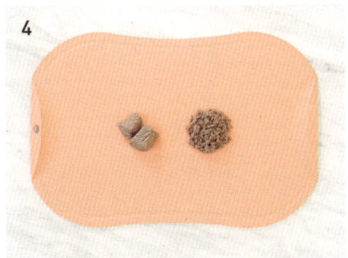

4. 삶은 소고기는 3mm 크기로 다져요.

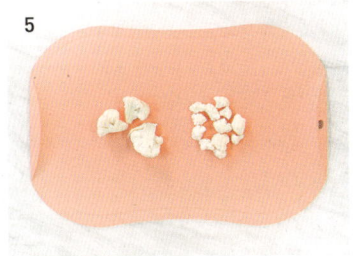

5. 삶은 콜리플라워는 3mm 크기로 다져요.
Tip - 콜리플라워는 줄기를 제거하고 부드러운 송이 부분만 사용해요.

6. 갈아놓은 쌀, 다진 소고기, 콜리플라워, 남은 물 180㎖를 냄비에 넣어 센 불에 끓여요.

7. 한소끔 끓으면 중약불로 줄이고 쌀알이 퍼질 때까지 끓여 완성해요.

12 닭고기 콜리플라워죽

25분

하얀 꽃망울처럼 보여 '꽃양배추'라고 불리는 콜리플라워는 수퍼푸드로 유명하지요. 식이 섬유가 풍부해 변비에 좋고 비타민 C도 함유하고 있답니다. 브로콜리보다 부드러워 익는 시간이 더 빠르니 참고하세요.

재료

- 닭고기 안심(또는 닭가슴살) 30g
- 콜리플라워 10g
- 불린 쌀 40g
- 물 280㎖

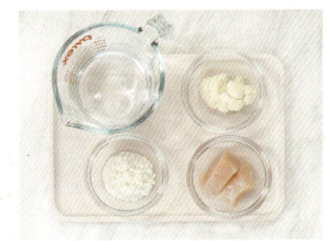

만드는 법

1. 불린 쌀은 물 100㎖를 넣고 믹서기나 절구를 이용해서 1/3 크기로 으깨거나 갈아요.

2. 콜리플라워는 끓는 물에 30초 이상 데쳐요.

3. 닭고기는 끓는 물에 넣어 3분 이상 익혀요.

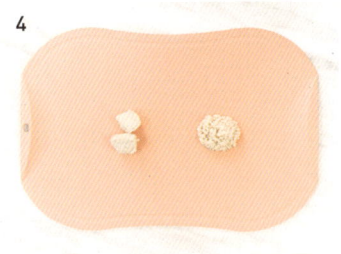

4. 삶은 닭고기는 3mm 크기로 다져요.

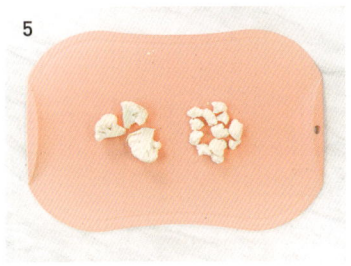

5. 삶은 콜리플라워는 3mm 크기로 다져요.

6. 갈아놓은 쌀, 다진 닭고기, 콜리플라워, 남은 물 180㎖를 냄비에 넣어 센 불에서 끓여요.

7. 한소끔 끓으면 중약불로 줄이고 쌀알이 퍼질 때까지 끓여 완성해요.

13

브로콜리 두부 닭고기죽

30분

브로콜리는 비타민 C와 베타카로틴이 풍부한 대표적인 항산화 식품이며 빈혈 예방에 도움되는 철분 등 무기질이 풍부합니다. 브로콜리의 질긴 기둥 부분은 잘라내고 연한 송이 부분만 사용해요.
어른이 먹는 것보다 조금 더 무르게 삶아주세요.

재료

- 닭고기 안심(또는 닭가슴살) 30g
- 두부 20g
- 브로콜리 10g
- 불린 쌀 40g
- 물 280㎖

만드는 법

1. 불린 쌀은 물 100㎖를 넣고 믹서기나 절구를 이용해서 1/3 크기로 으깨거나 갈아요.

2. 끓는 물에 브로콜리를 작게 잘라 넣어 30초 정도 데쳐요.

3. 끓는 물에 두부를 넣어 1분 정도 데쳐요.

4. 브로콜리는 3mm 크기로 다져요.
Tip - 브로콜리는 줄기는 제거하고 부드러운 송이 부분만 사용해요.

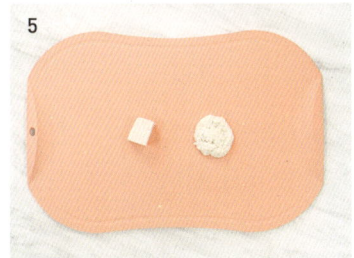

5. 데친 두부는 으깨요.

6. 닭고기 안심은 힘줄을 제거하고 끓는 물에 3분 이상 익혀요.

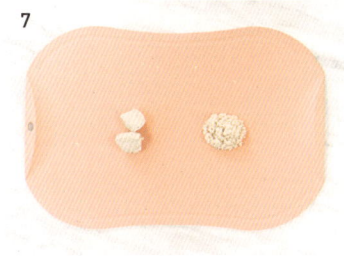

7. 삶은 닭고기도 3mm 크기로 다져요.

8. 냄비에 갈아놓은 쌀, 닭고기, 두부, 브로콜리, 남은 물 180㎖를 넣어 끓여요.

9. 한소끔 끓으면 중약불로 줄이고 어느 정도 퍼질 때까지 끓여 완성해요.

14

소고기 미역죽

25분

미역은 요오드 함량이 높아 면역력을 높여주고 무기질이 풍부해서 성장과 발달에 도움이 됩니다.
물에 담가 불리고 씻어 짠기를 빼주셔야 한다는 점 잊지 마세요.

재료

□ 소고기 30g   □ 불린 미역 5g   □ 불린 쌀 40g   □ 물 280㎖

만드는 법

1. 불린 쌀은 물 100㎖를 넣고 믹서기나 절구를 이용해서 1/3 크기로 으깨거나 갈아요.

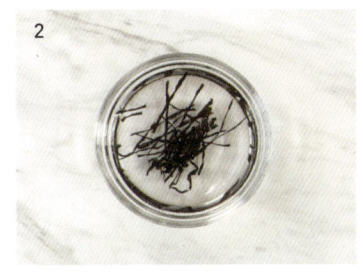

2. 미역은 10분 이상 물에 담가 불려요.

3. 불린 미역을 찬물에 깨끗이 헹궈요.

4. 소고기는 끓는 물에 3분 이상 익혀요.
Tip - 소고기는 미리 찬물에 20분 이상 담가 핏물을 빼주세요.

5. 미역을 3mm 크기로 다져요.

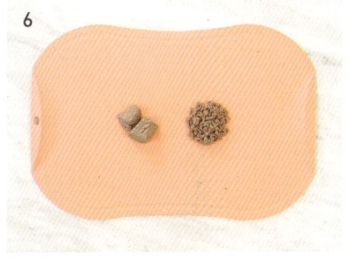

6. 소고기를 3mm 크기로 다져요.

7. 냄비에 갈아놓은 쌀, 소고기, 미역, 남은 물 180㎖를 넣어 끓여요.

8. 한소끔 끓으면 중약불로 줄이고 쌀알이 퍼질 때까지 끓여 완성해요.

15 연두부 배추죽

25분

식이섬유가 풍부해 변비에 도움이 되는 배추는 오래 보관하면 질산염의 함량이 높아져서 빈혈을 일으킬 수도 있으니 신선한 것만 사용하세요. 생후 6개월 이후에 먹이는 것이 좋습니다.

재료

☐ 연두부 20g ☐ 배추 10g ☐ 불린 쌀 40g ☐ 물 280㎖

만드는 법

1. 불린 쌀은 물 100㎖를 넣고 믹서기나 절구를 이용해서 1/3 크기로 으깨거나 갈아요.

2. 끓는 물에 배추를 잎 부분만 넣어 1분 정도 데쳐요.

3. 끓는 물에 연두부를 넣어 1분 정도 데쳐요.

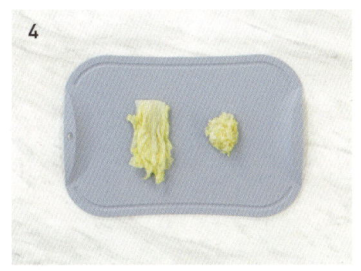

4. 데친 배추를 3mm 크기로 다져요.

5. 데친 연두부를 체에 걸러 으깨요.

6. 냄비에 갈아놓은 쌀, 연두부, 배추, 남은 물 180㎖를 넣어 끓여요.

7. 한소끔 끓으면 중약불로 줄이고 쌀알이 퍼질 때까지 끓여 완성해요.

16

닭고기 무죽

25분

천연 소화제라고 불리기도 하는 무는 속을 편안하게 하며 감기 예방에도 좋고 특히 잔기침을 할 때 먹이면 좋아요. 수분과 섬유질이 풍부해 변비가 있는 아이에게도 도움이 된답니다.

재료

- 닭고기 안심(또는 닭가슴살) 30g □ 무 10g □ 불린 쌀 40g
- 물 280㎖

 만드는 법

1. 불린 쌀은 물 100㎖를 넣고 믹서기나 절구를 이용해서 1/3 크기로 으깨거나 갈아요.

2. 무는 끓는 물에 1분 이상 데쳐요.

3. 닭고기 안심은 힘줄을 제거하고 끓는 물에 3분 이상 익혀요.

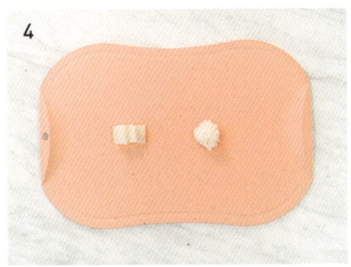

4. 삶은 무를 3mm 크기로 다져요.

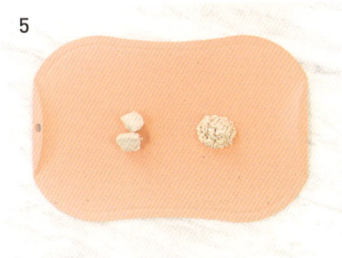

5. 삶은 닭고기를 3mm 크기로 다져요.

6. 갈아놓은 쌀, 다진 닭고기, 다진 무, 남은 물 180㎖를 냄비에 넣어 센 불에 끓여요.

7. 한소끔 끓으면 중약불로 줄이고 쌀알이 퍼질 때까지 끓여 완성해요.

17 닭고기 시금치죽

25분

단백질이 풍부하고 소화도 잘 되는 닭고기에 철분과 엽산, 각종 비타민이 풍부한 시금치를 더해
아기 성장발육에 좋은 닭고기 시금치죽이에요. 시금치는 쓰지 않고 단맛이 있어 아기가 먹기 좋답니다.
시금치를 살 때는 길이가 짧고 붉은색을 띠는 것을 고르시면 연하고 맛이 좋답니다.

재료

- 닭고기 안심(또는 닭가슴살) 30g ☐ 시금치 10g ☐ 불린 쌀 40g
- 물 280㎖

만드는 법

1. 불린 쌀은 물 100㎖를 넣고 믹서기나 절구를 이용해서 1/3 크기로 으깨거나 갈아요.

2. 시금치는 끓는 물에 넣어 30초 정도 데쳐요.

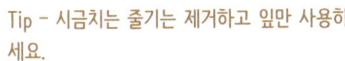

Tip - 시금치는 줄기는 제거하고 잎만 사용하세요.

3. 닭고기 안심은 힘줄을 제거하고 끓는 물에 3분 이상 익혀요.

4. 삶은 시금치를 3mm 크기로 다져요.

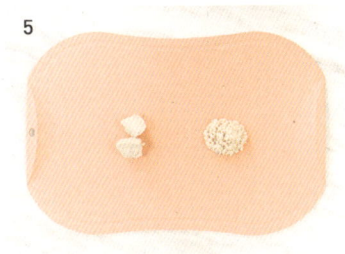

5. 삶은 닭고기를 3mm 크기로 다져요.

6. 갈아놓은 쌀, 다진 닭고기, 다진 시금치, 남은 물 180㎖를 냄비에 넣어 센 불에 끓여요.

7. 한소끔 끓으면 중약불로 줄이고 쌀알이 퍼질 때까지 끓여 완성해요.

18

흑미 시금치 소고기죽

여러 가지 비타민과 무기질이 들어 있는 흑미로 영양을 UP! 시켰어요. 흑미는 백미보다 단단해서 오래 불려야 해요. 향과 맛이 순한 시금치도 넣어 칼슘, 철분까지 풍성한 영양 이유식이랍니다.

재료

☐ 소고기 안심 30g ☐ 시금치 10g ☐ 흑미 20g
☐ 불린 쌀 30g ☐ 물 350㎖

만드는 법

1
불린 쌀과 불린 흑미는 믹서기나 차퍼(Chopper)에 넣어 물 100㎖와 함께 1/3 크기(3mm)로 갈아요.

2
시금치는 끓는 물에 넣어 30초 정도 데쳐요.

3
소고기는 끓는 물에 넣어 3분 이상 익혀요.
Tip - 소고기는 미리 찬물에 20분 이상 담가 핏물을 빼주세요.

4
시금치를 3mm 크기로 다져요.
Tip - 시금치는 줄기를 제거하고 잎 부분만 사용해요.

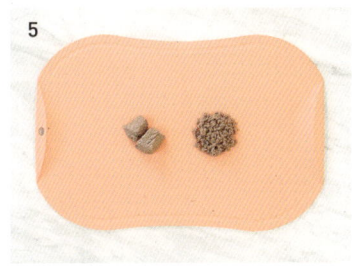

5
소고기를 3mm 크기로 다져요.

6
냄비에 갈아놓은 쌀, 흑미, 소고기, 시금치, 남은 물 250㎖를 넣어 끓여요.

7
한소끔 끓으면 중약불로 줄이고 쌀알이 퍼질 때까지 끓여 완성해요.

19

고구마 배 소고기죽

고구마 배 소고기죽은 달콤한 고구마와 배를 넣어 아기들이 좋아해요. 배는 식이섬유가 풍부하고 다른 과일에 비해 칼륨 함량도 높답니다. 배를 고를 때는 보았을 때 느낌이 맑고 투명하며, 껍질이 매끈하고 황갈색을 띠는 것을 고르세요.

재료

- 소고기 안심 30g
- 고구마 20g
- 배 10g
- 불린 쌀 40g
- 물 280㎖

만드는 법

1. 불린 쌀은 물 100㎖를 넣고 믹서기나 절구를 이용해서 1/3 크기로 으깨거나 갈아요.

2. 고구마는 끓는 물에 넣어 3분 이상 익혀요.
Tip - 단맛을 더 내고 싶다면 고구마를 쪄서 으깨주세요.

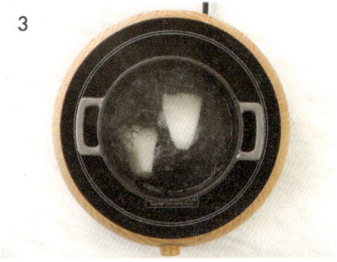

3. 배는 끓는 물에 넣어 30초 정도 데쳐요.

4. 소고기는 끓는 물에 3분 이상 익혀내요.
Tip - 소고기는 미리 찬물에 20분 이상 담가 핏물을 빼주세요.

5. 배를 3mm 크기로 다져요.

6. 고구마를 3mm 크기로 다져요.

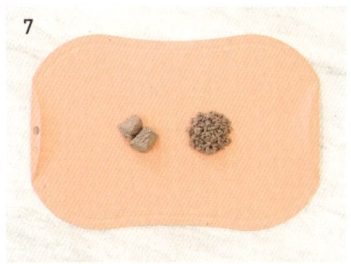

7. 소고기 3mm 크기로 다져요.

8. 냄비에 갈아놓은 쌀, 소고기, 고구마, 배, 남은 물 180㎖를 넣어 끓여요.

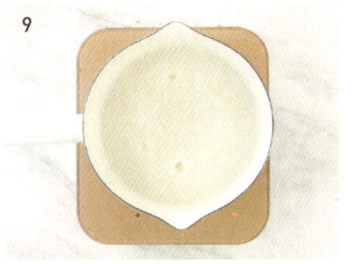

9. 한소끔 끓으면 중약불로 줄이고 쌀알이 퍼질 때까지 끓여 완성해요.

20 대추 두부 닭고기죽

30분

대추는 비타민과 엽산 등이 풍부해요. 특히 말린 대추는 철, 칼슘이 많답니다.
두부는 콩으로 만들어 두뇌 활동을 돕는 '레시틴'이라는 성분이 풍부하고 식감이 부드러운 식품이지요.
대추의 달콤함과 두부의 부드러움으로 아이의 입맛을 살려주세요.

재료

- 닭고기 안심(또는 닭가슴살) 30g
- 두부 20g
- 대추 10g
- 불린 쌀 40g
- 물 280㎖

만드는 법

1. 불린 쌀은 물 100㎖를 넣고 믹서기나 절구를 이용해서 1/3 크기로 으깨거나 갈아요.

2. 닭고기는 끓는 물에 3분 이상 익혀요.
   Tip - 안심은 힘줄을 제거해주세요.

3. 두부는 끓는 물에 넣어 1분 정도 데쳐요.

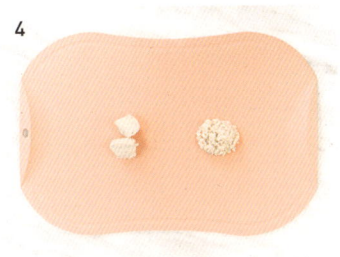

4. 삶은 닭고기는 잘게 다져주세요.

5. 대추는 10분 이상 불린 다음 씨를 제거하고 다져요.

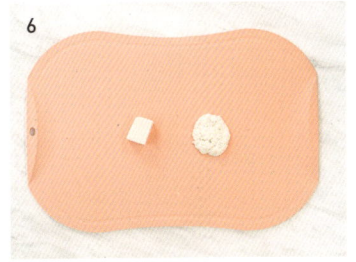

6. 두부는 칼이나 체를 이용해 으깨요.

7. 냄비에 갈아놓은 쌀, 닭고기, 두부, 대추, 남은 물 180㎖를 넣어 끓여요.

8. 한소끔 끓으면 중약불로 줄이고 쌀알이 퍼질 때까지 끓여 완성해요.

21 고구마 브로콜리 소고기죽

30분

단백질과 철분, 섬유질과 비타민이 풍부한 고구마 브로콜리 소고기죽은 영양이 골고루 갖추어진 이유식이에요. 고구마는 섬유질이 많은 호박고구마보다는 밤고구마를 사용하시는 게 아이에게 부담이 덜하답니다.

재료

- 소고기 안심 30g
- 고구마 20g
- 브로콜리 10g
- 불린 쌀 40g
- 물 280㎖

만드는 법

1. 불린 쌀은 물 100㎖를 넣고 믹서기나 절구를 이용해서 1/3 크기로 으깨거나 갈아요.

2. 고구마는 끓는 물에 넣어 3분 이상 익혀요.
Tip - 고구마는 껍질을 벗겨 사용해요.

3. 브로콜리는 줄기를 제거하고 송이 부분만 끓는 물에 넣어 30분 정도 데쳐요.

4. 소고기는 끓는 물에 3분 이상 익혀요.
Tip - 소고기는 미리 찬물에 20분 이상 담가 핏물을 빼주세요.

5. 브로콜리를 3mm 크기로 다져요.

6. 고구마를 3mm 크기로 다져요.

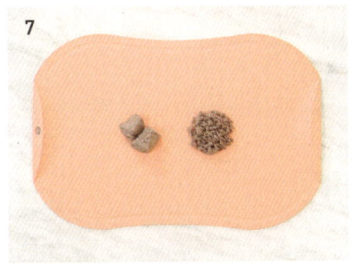

7. 소고기를 3mm 크기로 다져요.

8. 냄비에 갈아놓은 쌀, 소고기, 고구마, 브로콜리, 남은 물 180㎖를 넣어 끓여요.

9. 한소끔 끓으면 중약불로 줄이고 쌀알이 퍼질 때까지 끓여 완성해요.

22
감자 애호박 닭고기죽

30분

중기에는 하루 2번 이유식을 주게 되는데요. 소고기가 지겨워질 때쯤 소고기 대신 닭고기를 넣어 변화를 주어 보세요. 감자 애호박 닭고기죽은 감기, 변비, 설사 예방 및 완화에 도움을 주는 감자와 레시틴 성분이 풍부해 아이들 두뇌 발달에 좋은 애호박을 넣어 영양 만점이랍니다.

재료

- 닭고기 안심(또는 닭가슴살) 30g
- 감자 20g
- 애호박 10g
- 불린 쌀 40g
- 물 280㎖

만드는 법

1. 불린 쌀은 물 100㎖를 넣고 믹서기나 절구를 이용해서 1/3 크기로 으깨거나 갈아요.

2. 감자는 끓는 물에 넣어 1분 이상 익혀요.

3. 애호박은 끓는 물에 넣어 1분 이상 익혀요.

4. 닭고기 안심은 힘줄을 제거하고 끓는 물에 3분 이상 익혀요.

5. 애호박은 껍질과 씨를 제거한 다음 3mm 크기로 다져요.

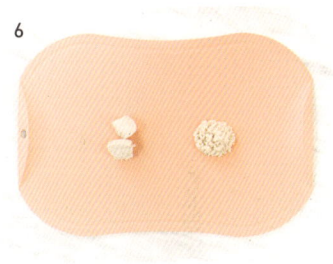

6. 삶은 닭고기도 3mm 크기로 다져요.

7. 감자는 매셔로 으깨요.

8. 냄비에 갈아놓은 쌀, 닭고기, 감자, 애호박, 남은 물 180㎖를 넣어 끓여요.

9. 한소끔 끓으면 중약불로 줄이고 쌀알이 퍼질 때까지 끓여 완성해요.

23 고구마 당근 닭고기죽

고구마는 변비와 알레르기가 심한 아기에게 특히 좋아요. 비타민 A가 풍부해 눈과 피부를 건강하게 하는 채소이기도 합니다. 당근을 살 때는 색이 선명하고 진하며 단단한 것을 고르는 것이 좋아요.

재료

- 닭고기 안심(또는 닭가슴살) 30g
- 고구마 20g
- 당근 10g
- 불린 쌀 40g
- 물 280㎖

만드는 법

1. 불린 쌀은 물 100㎖를 넣고 믹서기나 절구를 이용해서 1/3 크기로 으깨거나 갈아요.

2. 고구마와 당근은 껍질을 벗겨요.

3. 끓는 물에 고구마는 3분, 당근은 1분 이상 데쳐내요.
   Tip - 단맛을 더 내고 싶다면 고구마를 쪄서 으깨주세요.

4. 닭고기 안심은 힘줄을 제거하고 끓는 물에 3분 이상 익혀요.

5. 당근을 3mm 크기로 다져요.

6. 고구마를 3mm 크기로 다져요.

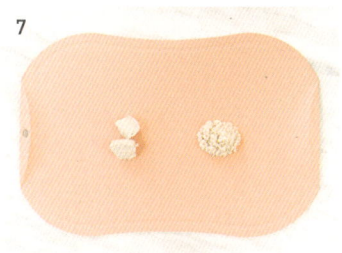

7. 삶은 닭고기도 갈아놓은 쌀의 크기와 비슷하게 다져요.

8. 준비한 재료를 넣고 남은 물 180㎖를 넣어 센 불로 한소끔 끓여요.

9. 한소끔 끓어오르면 중약불로 줄이고 쌀알이 퍼질 때까지 끓여 완성해요.

24 표고 밤 소고기죽

30분

표고버섯은 칼슘과 인의 흡수율을 높여 아기의 뼈와 치아를 튼튼하게 해요. 비타민 D도 풍부하게 함유하고 있어서 아기 이유식 재료로 좋답니다. 생표고는 물에 약해서 쉽게 상하니 마른 행주로 표면을 닦고 비닐백에 넣어 냉장 보관하세요.

재료

- 표고 20g
- 소고기 안심 30g
- 밤 20g
- 불린 쌀 40g
- 물 280㎖

만드는 법

1. 불린 쌀은 물 100㎖를 넣고 믹서기나 절구를 이용해서 1/3 크기로 으깨거나 갈아요.

2. 표고는 밑둥을 제거하고 끓는 물에 넣어 1분 정도 익혀요.

3. 껍질을 벗긴 밤은 끓는 물에 넣어 3분 이상 익혀요.
   Tip - 밤은 찌거나 삶아서 속을 파내도 좋아요.

4. 소고기는 끓는 물에 3분 이상 익혀요.
   Tip - 소고기는 미리 찬물에 20분 이상 담가 핏물을 빼주세요.

5. 밤을 3mm 크기로 다져요.

6. 표고를 3mm 크기로 다져요.

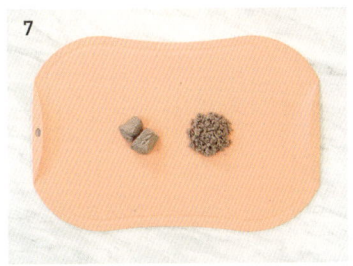

7. 소고기를 3mm 크기로 다져요.

8. 냄비에 갈아놓은 쌀, 소고기, 표고, 밤, 남은 물 180㎖를 넣어 끓여요.

9. 한소끔 끓으면 중약불로 줄이고 쌀알이 퍼질 때까지 끓여 완성해요.

25 단호박 무 닭고기죽

30분

단호박은 영양도 풍부하지만 맛이 달고 색이 고와 아기들이 잘 먹는 식재료에요. 무는 아기들이 감기나 잔병에 걸리지 않게 도와주는 고마운 채소인데요. 가래가 잘 생기거나 자주 가르릉거리는 아기들에게 좋답니다.

재료

- 닭고기 안심(또는 닭가슴살) 30g
- 단호박 20g
- 무 10g
- 불린 쌀 40g
- 물 280㎖

만드는 법

1. 불린 쌀은 물 100㎖를 넣고 믹서기나 절구를 이용해서 1/3 크기로 으깨거나 갈아요.

2. 단호박과 무는 껍질을 벗겨요.

3. 단호박은 끓는 물에 3분 이상 데쳐요.
   Tip - 단맛을 더 내고 싶다면 단호박을 쪄서 으깨주세요.

4. 무는 끓는 물에 1분 이상 데쳐요.

5. 닭고기 안심은 힘줄을 제거하고 끓는 물에 3분 이상 익혀요.

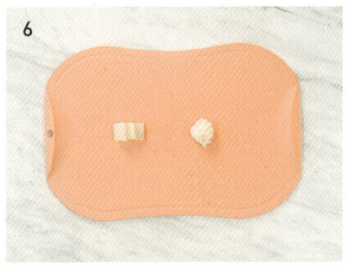

6. 무를 3mm 크기로 다져요.

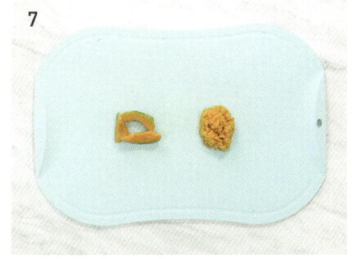

7. 단호박을 3mm 크기로 다져요.

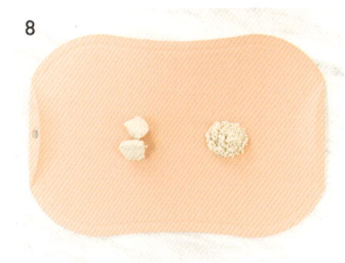

8. 삶은 닭고기를 3mm 크기로 다져요.

9. 냄비에 갈아놓은 쌀, 단호박, 무, 닭고기, 남은 물 180㎖를 넣어 센 불에 한소끔 끓으면 중약불로 줄이고 쌀알이 퍼질 때까지 끓여 완성해요.

26 연두부 당근 닭고기죽

당근에는 카로틴 성분이 풍부해 아기의 면역력을 높이는 데 도움을 줍니다. 비타민과 철분도 함유되어 있어 감기 예방에도 좋아요. 익혀서 먹으면 설사를 멈추게 하는 데도 도움을 준답니다. 딱딱한 상태에서는 소화 흡수가 잘 안 될 수 있으므로 푹 익혀서 사용해주세요. 연두부는 살짝 데치면 더 부드러워진답니다.

재료

- 닭고기 안심(또는 닭가슴살) 30g
- 연두부 20g
- 당근 10g
- 불린 쌀 40g
- 물 280㎖

만드는 법

1. 불린 쌀은 물 100㎖를 넣고 믹서기나 절구를 이용해서 1/3 크기로 으깨거나 갈아요.

2. 당근은 끓는 물에 넣어 1분 동안 데쳐요.

3. 연두부는 끓는 물에 넣어 1분 동안 데쳐내요.

4. 닭고기 안심은 힘줄을 제거하고 끓는 물에 3분 이상 익혀요.

5. 연두부는 체를 이용해 으깨요.

6. 당근은 3mm 크기로 다져요.

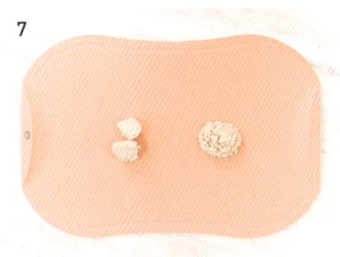

7. 삶은 닭고기도 3mm 크기로 다져요.

8. 냄비에 갈아놓은 쌀, 닭고기, 연두부, 당근, 남은 물 180㎖를 넣어 끓여요.

9. 한소끔 끓으면 중약불로 줄이고 쌀알이 퍼질 때까지 끓여 완성해요.

27

대구 시금치죽

25분

생선은 만 9개월부터 흰살 생선을 조심스레 시작해보세요. 특히 대구는 알레르기에 비교적 안전해 이유식에 보통 처음으로 쓰는 생선이에요. 저열량 고단백 생선인 대구로 영양 가득한 이유식을 만들어보세요.

재료

☐ 대구 20g ☐ 시금치 10g ☐ 불린 쌀 40g ☐ 물 280㎖

 **만드는 법**

1. 불린 쌀은 물 100㎖를 넣고 믹서기나 절구를 이용해서 1/3 크기로 으깨거나 갈아요.

2. 대구는 한 김 오른 찜기에 5분 정도 찌거나 끓는 물에 1~2분간 익혀요. 찐 대구는 가시를 제거하고 살만 발라내요.

3. 끓는 물에 시금치를 넣어 30초 정도 데쳐내요.

Tip - 시금치는 줄기는 제거하고 잎 부분만 사용해요.

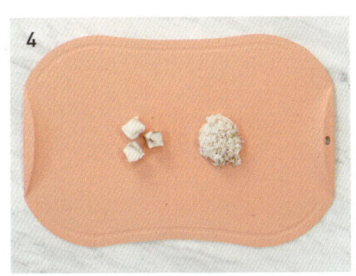

4. 대구를 3mm 크기로 다져요.

5. 시금치를 3mm 크기로 다져요.

6. 냄비에 갈아놓은 쌀, 대구, 시금치, 남은 물 180㎖를 넣어 끓여요.

7. 한소끔 끓으면 중약불로 줄이고 쌀알이 퍼질 때까지 끓여 완성해요.

28 대구 브로콜리죽

생선을 사용하는 이유식은 잔가시가 섞여들어가지 않도록 세심한 주의가 필요한데요.
조심히 살을 발라서 이유식에 넣어주면 됩니다.

재료

☐ 대구 30g ☐ 브로콜리 10g ☐ 불린 쌀 40g ☐ 물 280㎖

만드는 법

1. 불린 쌀은 물 100㎖를 넣고 믹서기나 절구를 이용해서 1/3 크기로 으깨거나 갈아요.

2. 대구는 한 김 오른 찜기에 5분 정도 찌거나 끓는 물에 1~2분간 익혀요. 찐 대구는 가시를 제거하고 살만 발라내요.

3. 끓는 물에 브로콜리를 작게 잘라 넣어 30초 정도 데쳐내요.

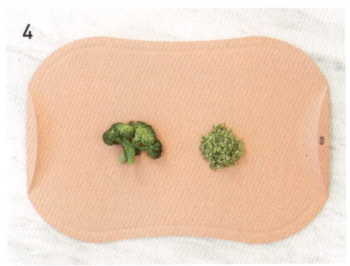

4. 익힌 브로콜리를 3mm 크기로 다져요.

5. 대구 살을 3mm 크기로 다져요.

6. 냄비에 갈아놓은 쌀, 대구, 브로콜리, 남은 물 180㎖를 넣어 끓여요.

7. 한소끔 끓으면 중약불로 줄이고 쌀알이 퍼질 때까지 끓여 완성해요.

29

갈치 연두부죽

25분

갈치는 생선가게에서 손질할 때 절대 소금을 치지 말아 달라고 부탁해야 해요. 비늘이나 내장은 쉽게 부패하기 때문에 비늘을 말끔히 긁어내고 내장을 제거한 후 흐르는 물에 잘 씻어 사용하세요. 갈치는 뼈를 발라내기 어려우므로 신경을 써주셔야 해요. 생선이므로 만 9개월 이후에 사용해주세요.

재료

☐ 갈치 30g ☐ 연두부 20g ☐ 불린 쌀 40g ☐ 물 280㎖

만드는 법

1. 불린 쌀은 물 100㎖를 넣고 믹서기나 절구를 이용해서 1/3 크기로 으깨거나 갈아요.

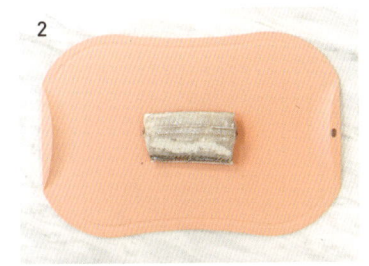

2. 갈치는 비늘을 말끔히 긁어내고 내장을 제거한 후 흐르는 물에 잘 씻어 손질해요.

3. 갈치를 한 김 오른 찜기에 10분 정도 쪄요.
Tip - 대구, 가자미, 조기 등 흰살 생선으로 대체해도 좋아요.

4. 연두부는 끓는 물에 넣어 1분 정도 데쳐내요.

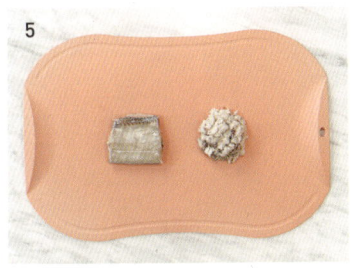

5. 쪄낸 갈치는 가시를 발라낸 다음 다져요.
Tip - 가시를 제거한 생선을 구입해 사용해도 좋아요.

6. 연두부는 칼이나 체를 이용해 으깨요.

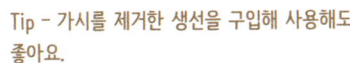

7. 냄비에 갈아놓은 쌀, 갈치, 연두부, 남은 물 180㎖를 넣어 끓여요.

8. 한소끔 끓으면 중약불로 줄이고 쌀알이 퍼질 때까지 끓여 완성해요.

밥솥 칸막이 이유식

삼색채소죽 | 단호박죽 | 소고기 당근죽

50분

압력밥솥에 칸막이만 끼우면 세 가지 이유식을 동시에 만들 수 있답니다. 조금 더 쉽고 빠르게 다양한 이유식을 만들 수 있는 좋은 방법이지요. 조금씩 양이 많아지는 중기부터는 칸막이를 활용해 이유식을 만들어보세요.

재료

삼색채소죽 재료
- ☐ 양파 10g   ☐ 브로콜리 10g
- ☐ 당근 10g   ☐ 불린 쌀 40g
- ☐ 물 280㎖

단호박죽 재료
- ☐ 단호박 30g   ☐ 불린 쌀 40g
- ☐ 물 280㎖

소고기당근죽 재료
- ☐ 다진 소고기 30g   ☐ 당근 15g
- ☐ 불린 쌀 40g   ☐ 물 280㎖

 만드는 법

1

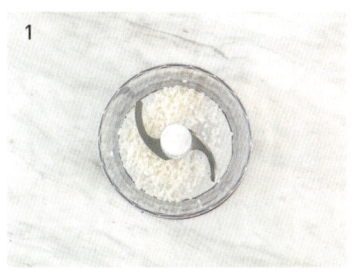

불린 쌀은 물과 함께 믹서기나 절구를 이용해서 1/3 크기로 으깨거나 갈아요.

2

모든 채소들은 다져서 준비해요.

3

압력솥에 분량의 쌀을 전체적으로 깔아주고 나머지 물을 부어요.

4

칸막이를 넣은 후 각각의 재료들을 칸별로 나누어 넣은 후 죽 기능으로 조리해요.

중기 간식

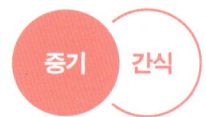

단호박 사과퓌레

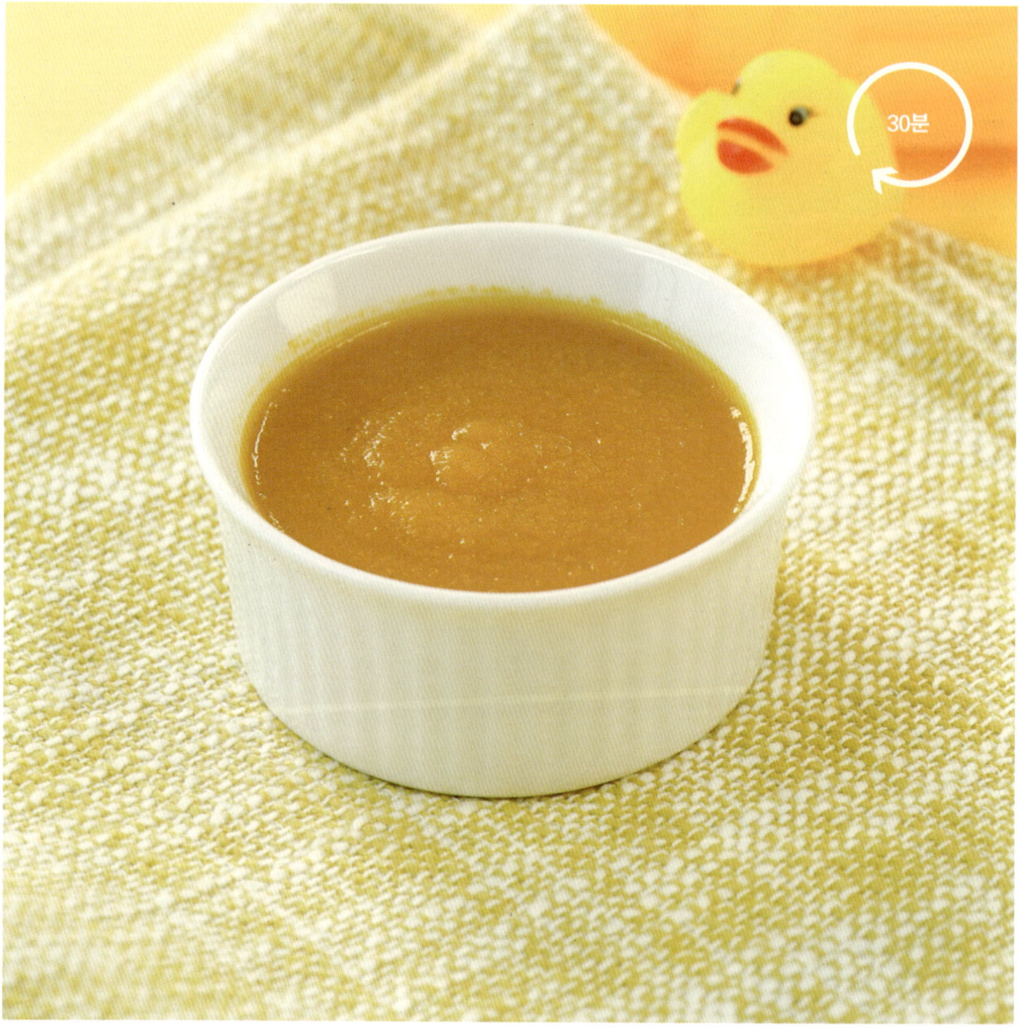

식이섬유와 비타민이 풍부한 사과와 소화가 잘되고 비타민, 베타카로틴이
많이 함유된 단호박으로 만든 달콤한 퓌레입니다.

재료

☐ 단호박 50g
☐ 사과 1/4개
☐ 물 100㎖

단호박은 씨와 껍질을 제거하고 큼직하게 잘라요.

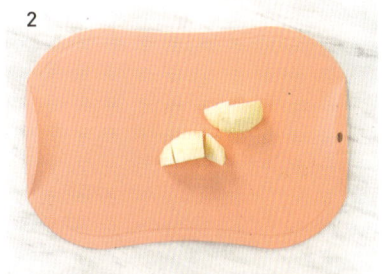

사과는 씨와 껍질을 제거하고 큼직하게 잘라요.

믹서기에 단호박, 사과, 물을 넣어 곱게 갈아요.

냄비에 갈아놓은 재료를 넣어 저어가며 5분 정도 끓여 완성해요.

중기 간식

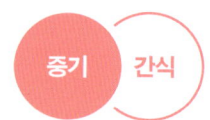

단호박푸딩

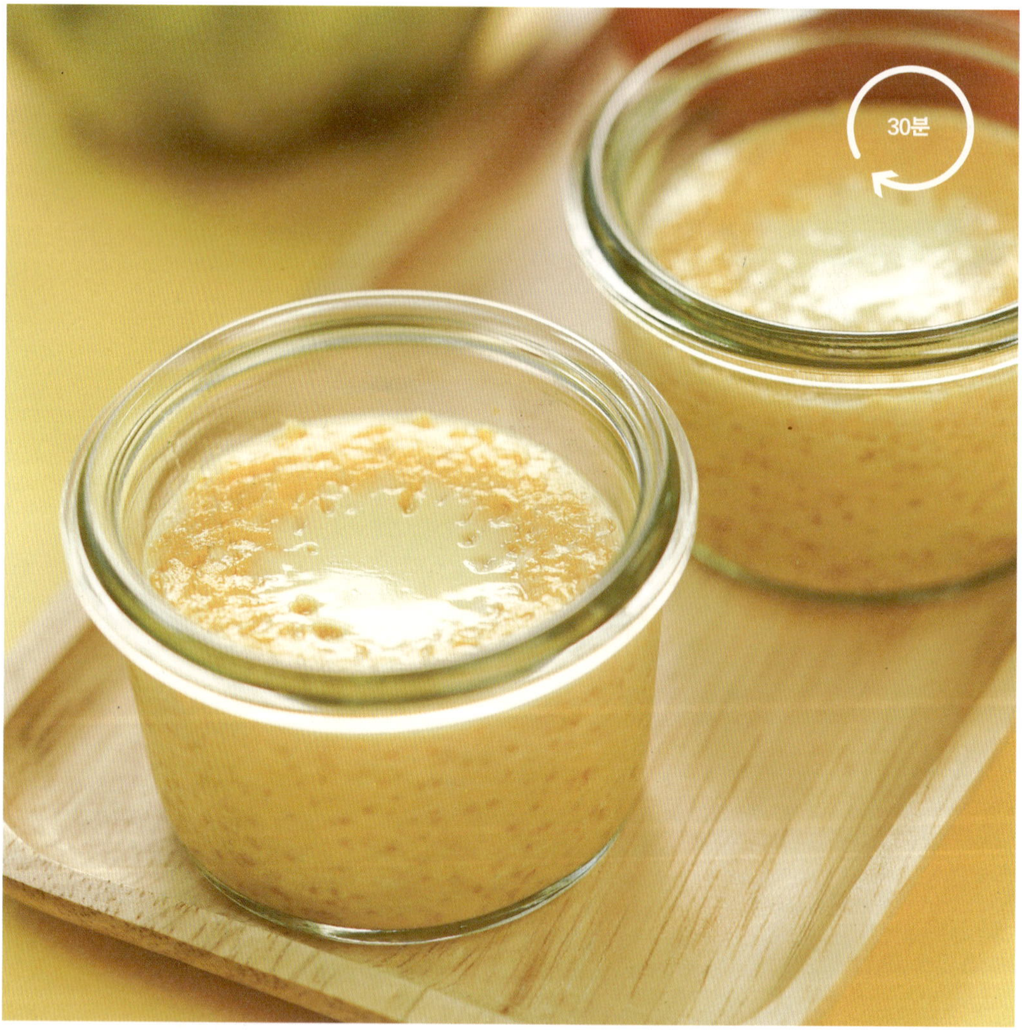

달콤한 단호박에 달걀노른자를 넣어 영양까지 높인 푸딩이에요.
달걀노른자는 소화흡수가 잘 되고 레시틴을 함유하고 있답니다.
노른자는 만 6~7개월 사이에 시작하시면 됩니다.

재료

- 단호박 50g
- 달걀 노른자 1개
- 분유 1숟가락
- 물 100㎖

단호박은 손질하여 찜기에 찌거나 끓는 물에 넣어 3분 이상 삶아내요.

따뜻한 물 100㎖에 분유를 넣어 분유물을 만들어요.

단호박은 곱게 으깨요.

으깬 단호박에 분유물을 넣어 섞어요.

달걀 노른자는 체에 걸러 4와 섞어요. 섞어놓은 재료를 체에 한 번 더 걸러 찜 용기에 넣어요.

김 오른 찜기에 중약불로 20분 정도 쪄서 완성해요.

중기 간식

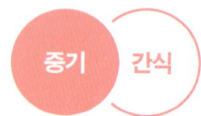

밤스프

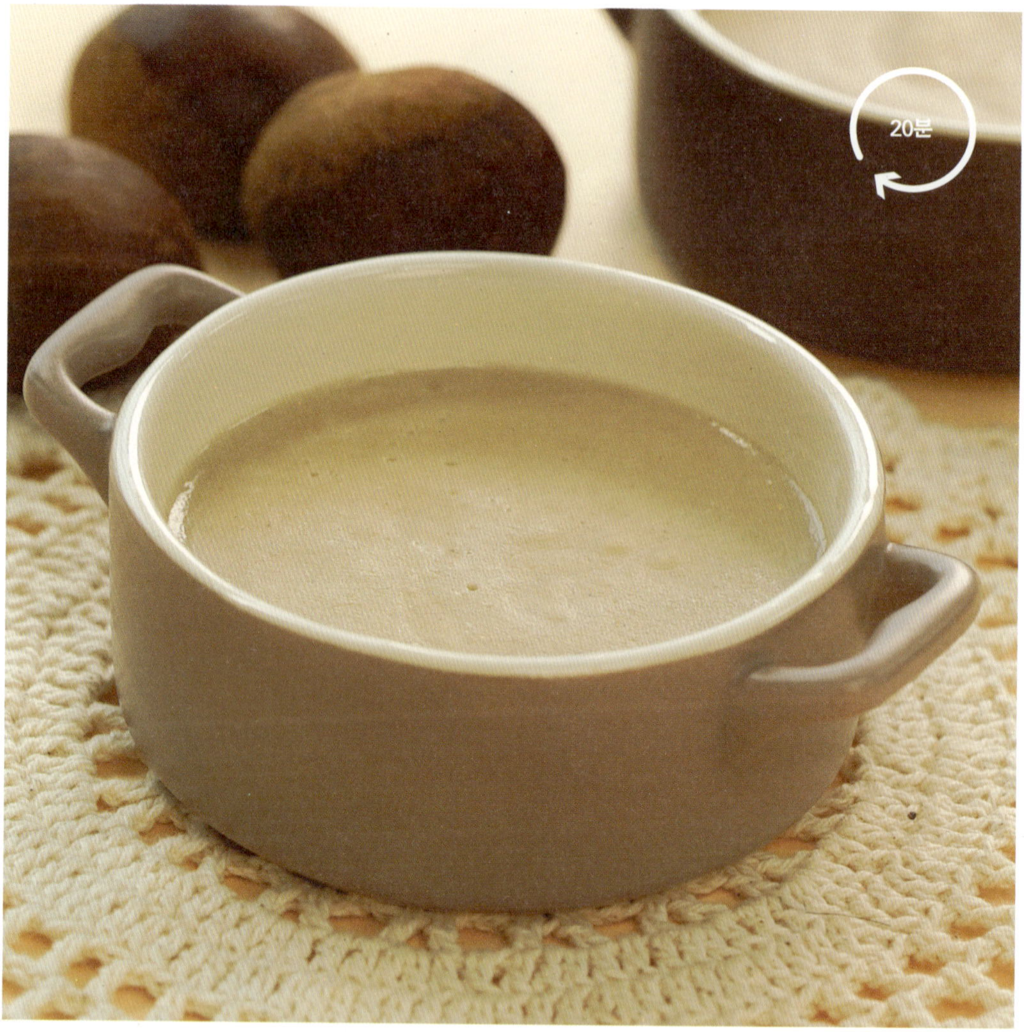

5대 영양소인 탄수화물, 지방, 단백질, 비타민, 무기질을 골고루 갖춘 밤으로 스프를 만들어보았어요.
간식은 아기가 다양한 질감에 익숙해지도록 만들어준답니다.

재료

- 밤 80g
- 분유 2숟가락
- 물 200㎖

밤은 껍질을 벗겨 끓는 물에 넣어 5분 정도 삶아요.

Tip - 밤은 찌거나 삶아서 속을 파내도 좋아요.

따뜻한 물 200㎖에 분유 2숟가락을 넣어 녹여요.

믹서기에 삶은 밤, 분유물을 넣어 곱게 갈아요.

냄비에 갈아놓은 재료를 넣고 저어가며 중약불에서 스프의 농도가 될 때까지 끓여 완성해요.

중기 | 장염에 걸렸을 때 먹는 이유식

쌀죽

아기가 장염에 걸렸을 때 일반 이유식을 먹여도 괜찮지만
계속 설사가 심한 경우에는 전문의와 상의 후 쌀죽을 먹여볼 수 있습니다.
꼭 쌀죽만 먹일 필요는 없으나 과일처럼 장염에 안 좋은 음식은 제한해야 합니다.

재료

- 불린 쌀 40g
- 물 280㎖

불린 쌀은 물 100㎖와 함께 믹서기나 절구를 이용해서 1/3 크기로 으깨거나 갈아요.

갈아놓은 쌀과 물 180㎖를 냄비에 넣어 센 불에 끓여요.

한소끔 끓으면 중약불로 줄이고 쌀알이 퍼질 때까지 끓여 완성해요.

중기 장염에 걸렸을 때 먹는 이유식

찹쌀죽

장염이나 감기에 걸린 아기들에게는 가급적 새로운 음식은 먹이지 마세요.
소화가 잘 되는 찹쌀죽을 만들어 먹이는 것도 좋습니다. 찹쌀은 충분히 불려서 요리하세요.

재료

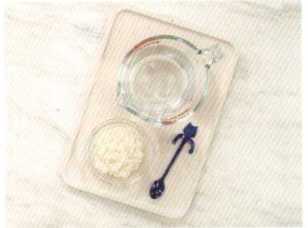

- 불린 찹쌀 40g
- 물 280㎖

1

불린 찹쌀은 물 100㎖와 함께 믹서기나 절구를 이용해서 1/3 크기로 으깨거나 갈아요.

2

갈아놓은 찹쌀과 물 180㎖를 냄비에 넣어 센 불에 끓여요.

3

한소끔 끓으면 중약불로 줄이고 쌀알이 퍼질 때까지 끓여 완성해요.

Tip - 찹쌀은 소화가 잘 되지만 변비를 유발할 수 있어 묽은 변을 볼 때 먹이면 좋아요.

중기 | 장염에 걸렸을 때 먹는 이유식

타락죽

아기가 장염이나 감기에 걸리면 입맛이 없어져 잘 먹지 않을 수 있으니
탈수가 생기지 않도록 신경써주세요. 타락죽은 식욕이 떨어진 아기가 부담 없이 먹기 좋습니다.
장염에 걸렸다면 달거나 기름기 많은 음식과 과일은 피해주세요.

재료

- 불린 쌀 40g
- 분유 20g
- 물 280㎖

불린 쌀은 물 100㎖와 함께 믹서기에 갈아요.

따뜻한 물 180㎖에 분유를 넣어 녹여요.

갈아놓은 쌀과 분유물을 냄비에 넣어 센 불에 끓여요.

한소끔 끓으면 중약불로 줄이고 쌀알이 퍼질 때까지 끓여 완성해요.

Part 5

후기 1단계 이유식

만 9~10개월

이유식과 분유 양

이유식
150~200㎖씩
하루 세 번

모유 또는 분유
500~600㎖

입자 크기와 농도

쌀

무른밥 또는 진밥: 불린 쌀과 물의 비율이 1:5인 5배죽

쌀알 그대로 끓이거나 1/2 크기로 으깨어 끓여요.

고기

익혀서 5mm 크기로 썰어요.

채소

익혀서 5mm 크기로 썰어요.

후기 1단계를 시작하기 전에

◆ 이유식의 질감과 영양
이는 보통 만 6개월 내외에 처음 나기 시작하지만 늦으면 돌 이후에 첫 이가 나기도 합니다. 어차피 아기에게 주는 음식은 질기거나 딱딱하지 않아 혀와 잇몸으로 충분히 으깨어 먹을 수 있기 때문에 이가 나는 것과 상관없이 횟수를 늘리고 질감을 높여주세요.
밥, 채소, 고기 등 기초 식품군이 골고루 포함된 식단이 되도록 신경 써주세요. 이유식 횟수는 3번으로 늘리고 낮 수유량은 많이 줄여주세요. 이유식이 너무 묽지는 않은지도 신경써주셔야 해요. 너무 묽으면 고형식의 양이 많지 않기 때문에 충분한 영양섭취가 안 될 수 있습니다.

◆ 갑자기 잘 안 먹는다면
이 시기에 잘 먹던 이유식을 갑자기 잘 안 먹는 아이들이 종종 있습니다. 엄마에게 자세히 물어보면 수유량이 너무 많거나 간식의 양이 많은 경우가 대부분입니다. 늘어난 이유식 양만큼 수유량이 줄어야 합니다. 모유 수유 아기의 경우 하루 3~4번, 분유 수유 아기의 경우 하루 500~600㎖로 수유량을 제한해주세요.
간혹 밥을 많이 안 먹는다고 간식을 많이 주는 경우도 있는데요. 간식은 식사에 방해가 되지 않을 정도로 조금씩만 줘야 해요. 계속 간식만 먹으려고 한다면 당분간 식사를 잘 하게 될 때까지 간식은 완전히 끊는 것도 방법입니다.

◆ 주의해야 할 음식 재료
현미 등의 잡곡도 충분히 불리면 소화 가능하며 모든 채소를 다 먹일 수 있습니다. 과일도 대부분 다 먹을 수 있으나 간혹 알레르기 반응이 나타나는 경우가 있으니 주의해서 관찰해주세요. 또한 너무 단 과일을 주다 보면 단맛에 익숙해질 수 있고 칼로리 과잉으로 비만이 될 수 있으니 조심해야 합니다. 우유 알레르기가 없는 경우 무염 치즈나 무가당 요거트도 먹일 수 있어요. 다만 성인이 먹는 플레인 요거트는 생각보다 단맛이 강하기 때문에 영유아용 무가당 요거트를 주어야 합니다. 또한 집에서 우유를 첨가하며 배양하는 요거트는 세균 오염에 취약할 수 있으므로 조심해야 해요.

◆ 식사에 직접 참여하는 시기
이 시기에는 식사 때 숟가락을 쥐여 주며 식사에 직접 참여할 수 있게 해주세요. 아기가 흘리는 것은 당연합니다. 여유로운 마음으로 지켜봐주세요. 떨어뜨려도 깨지지 않는 부드러운 식기를 사용해야 해요. 요즘은 식탁에 붙이는 식기나 식판도 판매하고 있으니 이용해보시는 것도 좋겠습니다.

후기 1단계 한 달 식단

식단을 짤 때 참고할 수 있는 식단표입니다. 반드시 이 순서를 지킬 필요는 없어요. 구하기 쉽고 본인이 잘 사용하는 재료로 만들어주시면 됩니다.

		1일	2일	3일	4일	5일	6일	7일
1주차	아침	대구 미역무른밥			갈치 애호박무른밥		소고기 양송이무른밥	
	점심	소고기 무무른밥			당근 닭고기 고구마무른밥		닭고기 밤무른밥	
	저녁	닭고기 밤무른밥			닭고기 표고버섯무른밥		소고기 무무른밥	
		8일	9일	10일	11일	12일	13일	14일
2주차	아침	소고기 양송이무른밥			소고기 가지무른밥		소고기 숙주 애호박무른밥	
	점심	닭고기 밤무른밥			닭고기 당근 고구마무른밥		두부 브로콜리무른밥	
	저녁	소고기 무무른밥			닭고기 표고버섯무른밥		소고기 시금치무른밥	
		15일	16일	17일	18일	19일	20일	21일
3주차	아침	소고기 숙주 애호박무른밥	청경채 두부무른밥			가자미 가지무른밥		
	점심	두부 브로콜리 무른밥	닭고기 표고버섯무른밥			닭고기 당근 고구마무른밥		
	저녁	소고기 시금치무른밥	소고기 가지무른밥			소고기 시금치무른밥		
		22일	23일	24일	25일	26일	27일	28일
4주차	아침	양파 고구마 브로콜리무른밥			소고기 애호박 콩나물 당근무른밥			소고기 파프리카 감자무른밥
	점심	닭고기 당근 고구마무른밥			소고기 숙주 애호박무른밥			가자미 가지 무른밥
	저녁	소고기 숙주 애호박무른밥			닭고기 당근 고구마무른밥			닭고기양배추 콩나물 무른밥
		29일	30일					
5주차	아침	소고기 파프리카 감자무른밥						
	점심	가자미 가지 무른밥						
	저녁	닭고기양배추 콩나물 무른밥						

* 가급적 오전에 새로운 음식을 시도해 보는 것으로 식단표를 작성하였습니다.
* 3일간 같은 음식을 먹는 것으로 짜 보았으나 매끼 자주 바꿔서 먹이고 싶으신 경우 새로 추가된 재료를 3일간 기존에 먹어보았던 음식과 섞어서 넣으며 바꿔주시면 됩니다.
* 아토피피부염이나 음식알레르기가 있는 경우 새로운 음식은 4~5일 간격으로 추가하실 것을 권장드립니다.

1

대구 미역무른밥

25분

대구살은 불포화 지방산인 DHA와 EPA가 풍부하여 두뇌 발달에 도움이 되며 철분과 단백질도 풍부하답니다.
미역은 요오드 함량이 높아 면역력을 높여주고 무기질이 풍부해서 성장과 발달에 도움이 됩니다.

재료

□ 대구 30g □ 불린 미역 5g □ 불린 쌀 50g □ 물 280㎖

 만드는 법

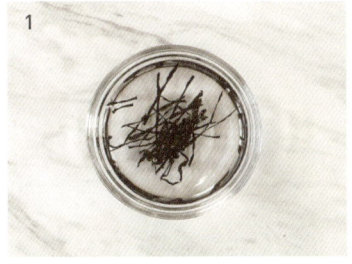

1. 미역은 10분 이상 물에 담가 불려요.

2. 불린 미역은 찬물에 깨끗이 헹궈요.

3. 대구는 한 김 오른 찜기에 5분 정도 찌거나 끓는 물에 1~2분간 익혀요. 익힌 대구는 가시를 제거하고 살만 발라내요.

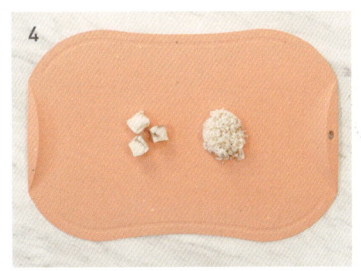

4. 대구를 5mm 크기로 다져요.

5. 미역을 5mm 크기로 다져요.

6. 냄비에 쌀, 대구, 미역, 남은 물 280㎖를 넣어 끓여요.

Tip - 입자가 커서 아이가 거부감이 있다면 쌀을 1/2 크기로 빻아 넣어요.

7. 한소끔 끓으면 중약불로 줄이고 쌀알이 퍼질 때까지 끓여 완성해요.

후기 1단계 | 만 9~10개월

2 갈치 애호박 무른밥

25분

갈치는 필수아미노산이 풍부한 단백질 식품이지요. 특히 라이신 함량이 높아 아기 성장에 도움을 준답니다.
갈치의 은백색 가루는 알레르기를 일으킬 수 있으므로 깨끗하게 긁어내고 조리하세요.

재료

☐ 갈치 30g ☐ 애호박 10g ☐ 불린 쌀 50g ☐ 물 280㎖

 만드는 법

1. 갈치는 비늘을 말끔히 긁어내고 내장을 제거한 후 흐르는 물에 잘 씻어 손질해요.

2. 애호박은 껍질과 씨를 제거하여 준비해요.

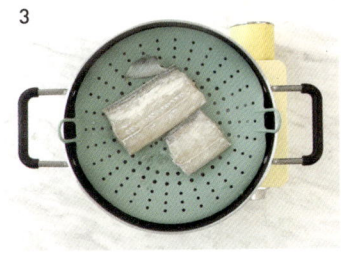

3. 갈치는 한 김 오른 찜기에 10분 정도 쪄요.
Tip - 대구, 가자미, 조기 등 흰살 생선으로 대체해도 좋아요.

4. 애호박은 끓는 물에 넣어 1분 정도 데쳐요.

5. 애호박은 5mm 크기로 다져요.

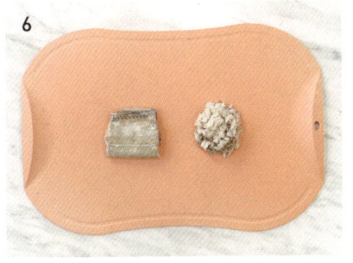

6. 쪄낸 생선은 가시를 발라 다져요.
Tip - 가시를 제거한 생선을 구입해 사용해도 좋아요.

7. 냄비에 쌀, 갈치, 애호박, 남은 물 280㎖를 넣어 끓여요.

8. 한소끔 끓으면 중약불로 줄이고 쌀알이 퍼질 때까지 끓여 완성해요.

Tip - 입자가 커서 아이가 거부감이 있다면 쌀을 1/2 크기로 빻아 넣어요.

3

소고기 무무른밥

25분

후기부터는 아기의 잇몸이 단단해져 이와 잇몸으로 음식을 씹을 수 있게 됩니다.
이때 중기보다 크게 썬 고기와 채소를 부드럽게 익혀 5배 무른밥을 먹이게 되는데요.
아기가 천천히 익숙해지도록 도와주세요.

재료

☐ 소고기 안심 30g ☐ 무 20g ☐ 불린 쌀 50g ☐ 물 250㎖

 **만드는 법**

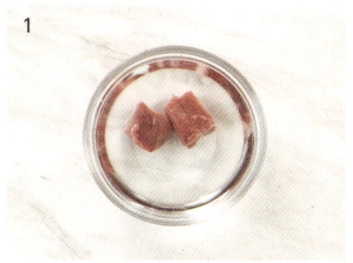

1 소고기는 찬물에 20분 정도 담가 핏물을 빼요.

2 끓는 물에 소고기를 넣어 3분 이상 삶아요.

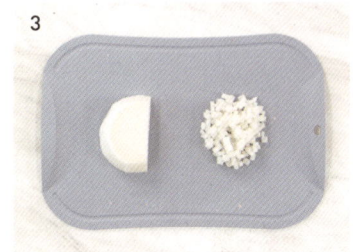

3 무는 5mm 크기로 다져요.

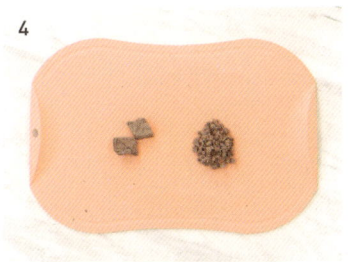

4 소고기를 5mm 크기로 다져요.

5 냄비에 쌀, 소고기, 무, 물 250㎖를 넣어 저어가며 끓여요.

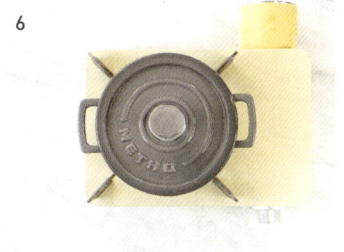

6 끓어오르면 약불로 줄이고 뚜껑을 닫아 5분 정도 끓여요.

7 뚜껑을 열고 잘 저으며 2분 정도 더 끓여 완성해요.

4

소고기 시금치 무른밥

이유식은 다양한 음식을 고르게 먹이는 것이 매우 중요합니다.
균형 잡힌 영양이 가득 담긴 이유식은 아기 건강의 초석이 되니까요.
후기부터는 가족의 식사 시간에 맞추어 이유식을 하루에 3번 먹이는 연습을 천천히 시켜보세요.

재료

☐ 소고기 안심 30g ☐ 시금치 20g ☐ 불린 쌀 50g ☐ 물 250㎖

 **만드는 법**

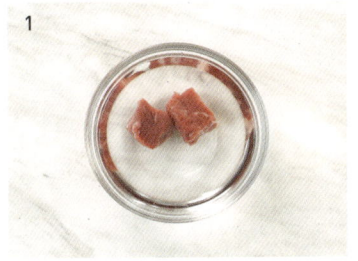

1. 소고기는 찬물에 20분 동안 담가 핏물을 빼요.

2. 끓는 물에 소고기를 넣어 3분 이상 삶아요.

3. 시금치는 잎 부분만 사용하여 5mm 크기로 다져요.

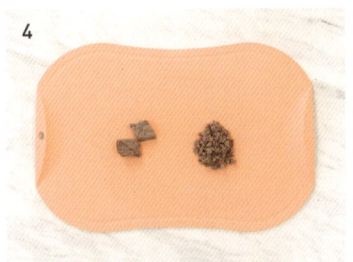

4. 소고기를 5mm 크기로 다져요.

5. 냄비에 쌀, 소고기, 시금치, 물 250㎖를 넣어 끓여요.

6. 끓어오르면 약불로 줄이고 뚜껑을 닫아 5분 정도 끓여요.

7. 뚜껑을 열고 잘 저으며 2분 정도 더 끓여 완성해요.

5 닭고기 밤무른밥

30분

후기쯤 되면 혼자 숟가락질을 하려고 하거나 손으로 이유식을 먹으려고 하지요.
스스로 먹는 연습을 할 수 있도록 이끌어주세요. 숟가락 사용이 서툴러 실수를 많이 하더라도
혼자 할 수 있도록 여유 있는 마음으로 기회를 주는 것이 좋습니다.

재료

- 닭고기(안심 또는 닭가슴살) 30g
- 밤 20g
- 당근 10g
- 불린 쌀 50g
- 물 250㎖

 **만드는 법**

1

끓는 물에 닭고기를 넣어 3분 이상 삶아요.

2

밤은 5mm 크기로 다져요.

3

당근은 5mm 크기로 다져요.

4

닭고기를 5mm 크기로 다져요.

5

냄비에 쌀, 닭고기, 밤, 당근, 물 250㎖를 넣어 저어가며 끓여요.

6

끓어오르면 약불로 줄이고 뚜껑을 닫아 5분 정도 끓여요.

7

뚜껑을 열고 잘 저으며 2분 정도 끓여 완성해요.

6 소고기 양송이무른밥

고소한 맛이 일품인 양송이버섯은 버섯 중에 단백질 함량이 높은 버섯이랍니다.
식감이 부드럽고 질기지 않아 이유식에 넣기 좋지요.
양송이버섯을 구매할 때는 크기가 균일하고 갓이 펴지지 않은 것을 고르세요.
갓에 흠집이 없고 단단한 것이 신선하답니다.

재료

☐ 소고기 30g ☐ 양송이버섯 20g ☐ 불린 쌀 50g ☐ 물 250㎖

 **만드는 법**

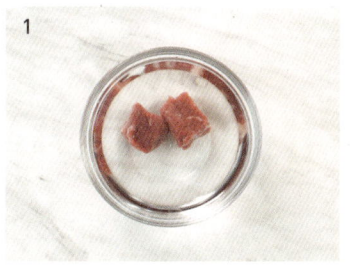

1

소고기는 찬물에 20분 정도 담가 핏물을 제거해요.

2

소고기를 끓는 물에 넣어 3분 정도 삶아요.

3

양송이는 껍질과 기둥을 제거하고 5mm 크기로 다져요.

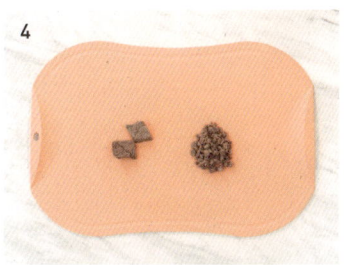

4

삶은 소고기는 5mm 크기로 다져요.

5

냄비에 쌀, 소고기, 양송이, 물 250㎖를 넣어요.

6

끓어오르면 약불로 줄이고 뚜껑을 닫아 5분 정도 끓여요.

7

뚜껑을 열고 잘 저으며 2분 정도 더 끓여 완성해요.

7 청경채 두부무른밥

30분

단백질이 풍부하고 소화흡수율이 매우 높은 두부는 비타민과 섬유질이 많은 청경채와 함께 이유식에 넣으면 영양의 균형이 잘 맞는답니다.

재료

☐ 두부 20g ☐ 청경채 20g ☐ 불린 쌀 50g ☐ 물 250㎖

만드는 법

1
두부는 뜨거운 물에 5분 정도 담가놓아요.

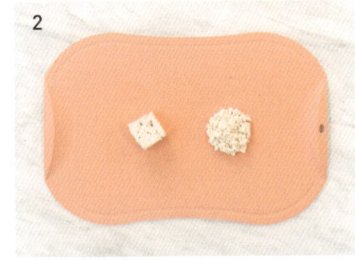

2
두부를 으깨요.

3
청경채는 줄기를 제거하고 잎 부분만 5mm 크기로 다져요.

4
냄비에 쌀, 청경채, 두부, 물 250㎖를 넣어 저어가며 끓여요.

5
끓어오르면 약불로 줄이고 뚜껑을 닫아 5분 정도 끓여요.

6
뚜껑을 열고 잘 저으며 2분 정도 더 끓여 완성해요.

8 소고기 가지무른밥

30분

가지는 장건강에 좋고 시력을 보호하는 채소랍니다.
항산화물질을 함유한 안토시아닌도 풍부한 영양만점 채소이이지요.
이 시기의 아기들은 새로운 것에 호기심이 많아요. 가지 특유의 부드러운 식감에 익숙해지도록 도와주세요.

재료

☐ 소고기 30g ☐ 가지 20g ☐ 불린 쌀 50g ☐ 물 250㎖

 **만드는 법**

1
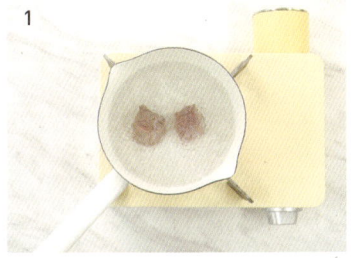
끓는 물에 소고기를 넣어 3분 이상 삶아요.

2
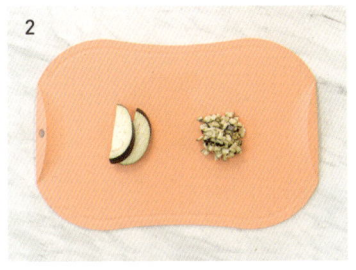
가지는 씨를 제거하고 5mm 크기로 다져요.

3
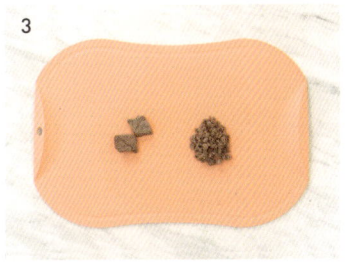
소고기를 5mm 크기로 다져요.

4

냄비에 쌀, 소고기, 가지, 물 250㎖를 넣고 저어가며 끓여요.

5

끓어오르면 약불로 줄이고 뚜껑을 닫아 5분 정도 더 끓여요.

6

뚜껑을 열고 잘 저으며 2분 정도 더 끓여 완성해요.

9 닭고기 표고버섯무른밥

표고버섯은 감칠맛이 뛰어나고 비타민 D가 풍부해 육류와 함께 이유식을 만들면 맛과 영양이 좋아진답니다. 표고버섯을 고를 때는 갓이 균형 있게 갈라져있고 갓 안쪽이 오므려진 것을 고르세요.

재료

- 닭고기 안심 30g
- 표고버섯 20g
- 당근 10g
- 불린 쌀 50g
- 물 250㎖

 만드는 법

1. 끓는 물에 닭고기를 넣어 3분 이상 삶아요.

2. 표고버섯은 기둥을 제거하고 5mm 크기로 다져요.

3. 당근은 5mm 크기로 다져요.

4. 닭고기는 5mm 크기로 다져요.

5. 냄비에 쌀, 닭고기, 표고버섯, 당근, 물 250㎖를 넣어 끓여요.

6. 끓어오르면 약불로 줄이고 뚜껑을 닫아 5분 정도 끓여요.

7. 뚜껑을 열고 잘 저으며 2분 정도 끓여 완성해요.

10 두부 브로콜리 무른밥

30분

비타민을 많이 함유하고 있고 칼륨, 철분 등 무기질이 풍부한 브로콜리와
단백질이 풍부한 두부를 넣어 영향의 균형을 맞추었어요. 두부는 고단백 고칼슘 식품이며
식감이 부드러워 아이들이 좋아하는 재료입니다.

재료

☐ 두부 20g ☐ 브로콜리 20g ☐ 불린 쌀 50g ☐ 물 250㎖

 만드는 법

1. 두부는 따뜻한 물에 5분 정도 담가놓아요.

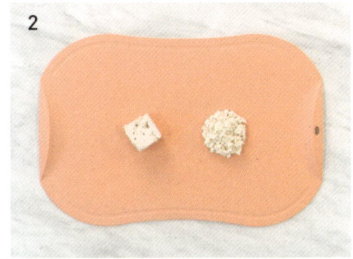

2. 두부를 으깨요.

3. 브로콜리는 줄기를 제거하고 송이 부분만 5mm 크기로 다져요.

4. 냄비에 쌀, 두부, 브로콜리, 물 250㎖를 넣고 저어가며 끓여요.

5. 끓어오르면 약불로 줄이고 뚜껑을 닫아 5분 정도 끓여요.

6. 뚜껑을 열고 잘 저으며 2분 정도 더 끓여 완성해요.

Tip - 고기 소보로와 함께 주시면 더욱 좋아요. (62쪽 참고)

11 가자미 가지무른밥

대구, 가자미 같은 흰살생선은 9개월부터 시작할 수 있어요.
흰살생선은 지방이 적고 단백질이 풍부하지요.
붉은살 생선보다 살이 연한 데다 담백해 아기들이 먹기 좋답니다.

재료

☐ 불린 쌀 50g ☐ 가자미 30g ☐ 가지 20g ☐ 물 250㎖

 **만드는 법**

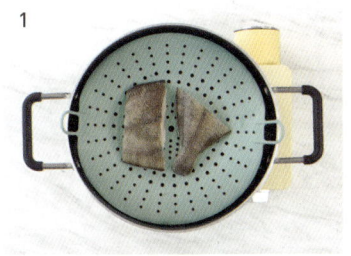

1. 가자미는 한 김 오른 찜기에 올려서 10분 정도 쪄요.

2. 찐 가자미는 가시를 제거해요.

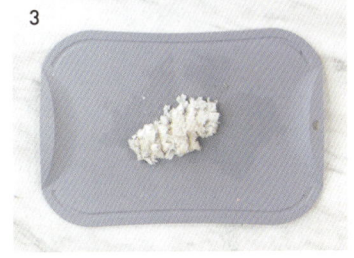

3. 가시를 제거한 가자미는 5mm 크기로 다져요.

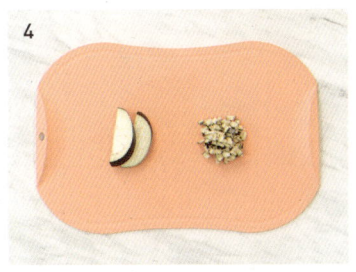

4. 가지는 씨를 제거하고 5mm 크기로 다져요.

5. 냄비에 쌀, 가자미, 가지, 물 250㎖를 넣어 저어가며 끓여요.

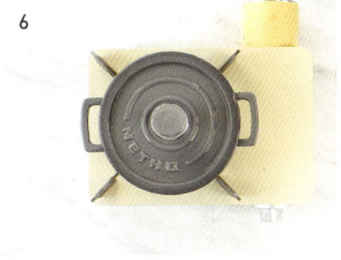

6. 끓어오르면 약불로 줄이고 뚜껑을 닫아 5분 정도 끓여요.

7. 뚜껑을 열고 잘 저으며 2분 정도 더 끓여 완성해요.

12
소고기 숙주 애호박무른밥

30분

숙주는 열을 내리는 데 도움을 주어 아기에게 열이 있을 때 먹이면 좋답니다.
애호박에는 두뇌발달에 도움을 주는 레시틴과 기타 비타민, 미네랄이 풍부하지요.
애호박은 1년 내내 쉽게 구할 수 있는 채소로 표면에 흠집이 없고 연둣빛이 나며
크기가 크지 않고 묵직하며 꼭지가 싱싱한 것을 고르세요.

재료

□ 소고기 안심 30g □ 숙주 20g □ 애호박 20g
□ 불린 쌀 50g □ 물 250㎖

 **만드는 법**

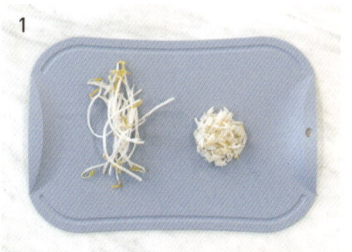

1. 숙주는 머리와 꼬리를 떼어낸 후 5mm 크기로 다져요.

2. 애호박은 껍질과 씨를 제거하고 5mm 크기로 다져요.

Tip - 당근, 무 등 아이가 잘 먹는 채소로 대체해도 좋아요.

3. 소고기는 끓는 물에 넣어 3분 정도 삶아요.

Tip - 소고기는 미리 찬물에 20분 정도 담가 핏물을 제거해 놓아요.

4. 삶은 소고기는 5mm 크기로 다져요.

5. 냄비에 쌀, 소고기, 애호박, 숙주, 물 250㎖를 넣어 끓여요.

6. 끓어오르면 약불로 줄이고 뚜껑을 닫아 5분 정도 끓여요.

7. 뚜껑을 열고 잘 저으며 2분 정도 더 끓여 완성해요.

13

닭고기 당근 고구마무른밥

비타민 C와 식이섬유가 풍부한 고구마는 변비 있는 아기들에게 도움이 됩니다.
단맛이 나기 때문에 식욕이 떨어진 아기들에게도 좋답니다.
비타민 A가 풍부한 당근을 넣어 시원하고 달큰한 맛과 특유의 향까지 더했어요.

재료

- 닭고기 안심(또는 닭가슴살) 30g
- 당근 10g
- 고구마 20g
- 불린 쌀 50g
- 물 250㎖

 **만드는 법**

1. 닭고기는 끓는 물에 넣어 3분 이상 익혀요.

   Tip - 닭고기 안심의 힘줄을 미리 제거해주세요.

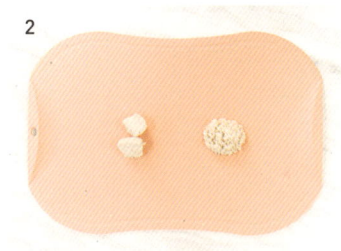

2. 삶은 닭고기는 잘게 다져요.

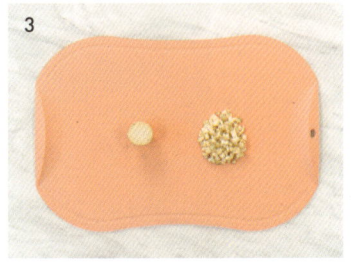

3. 고구마는 껍질을 벗겨 5mm 크기로 다져요.

4. 당근은 껍질을 벗겨 5mm 크기로 다져요.

5. 냄비에 쌀, 닭고기, 당근, 고구마, 물 250㎖를 넣고 저어가며 끓여요.

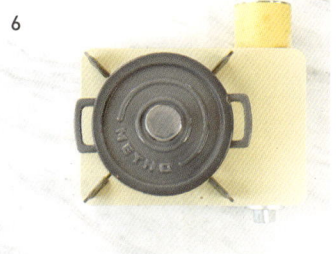

6. 끓어오르면 약불로 줄이고 뚜껑을 닫아 5분 정도 끓여요.

7. 뚜껑을 열고 잘 저으며 2분 정도 더 끓여 완성해요.

14

양파 고구마 브로콜리 무른밥

30분

시원하고 아삭한 양파는 90%가 수분으로 이루어졌어요.
단백질, 탄수화물, 비타민 C, 칼슘, 인, 철 등 영양도 풍부하답니다.
감기 예방이나 완화에도 좋아요. 고구마로 달콤함을, 브로콜리로 비타민과 색감을 더했어요.

재료

- 양파 20g
- 고구마 20g
- 브로콜리 10g
- 불린 쌀 50g
- 물 250㎖

만드는 법

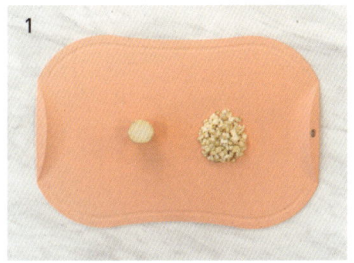

1. 고구마는 5mm 크기로 다져요.

2. 브로콜리는 5mm 크기로 다져요.

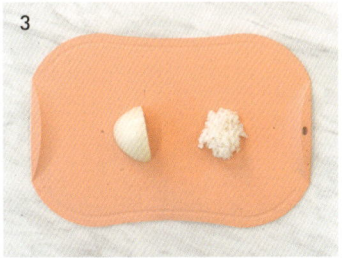

3. 양파는 5mm 크기로 다져요.

4. 냄비에 쌀, 양파, 고구마, 브로콜리, 물 250㎖를 넣어 끓여요.

5. 끓어오르면 약불로 줄이고 뚜껑을 닫아 5분 정도 끓여요.

6. 뚜껑을 열고 잘 저으며 2분 정도 더 끓여서 완성해요.

Tip – 고기 소보로와 함께 주시면 더욱 좋아요. (62쪽 참고)

15

닭고기 양배추 콩나물무른밥

콩나물은 비타민과 아스파라긴산, 섬유질이 풍부해 아기의 면역력을 향상시키는 데 좋아요.
콩나물을 고를 때는 줄기가 짧고 통통하며 잔뿌리가 적은 것을 고르면 됩니다.
대가리의 노란색이 선명하고 무르거나 시들지 않았는지 꼭 확인하세요.

재료

☐ 닭고기 안심(또는 닭가슴살) 30g ☐ 양배추 20g ☐ 콩나물 20g
☐ 당근 10g ☐ 불린 쌀 50g ☐ 물 250㎖

 만드는 법

1 닭고기는 끓는 물에 넣어 3분 이상 익혀요.

Tip - 닭고기 안심의 힘줄을 미리 제거해요.

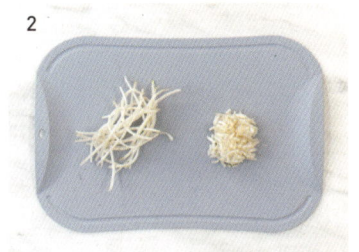

2 콩나물은 머리와 꼬리를 제거하고 5mm 크기로 다져요.

3 양배추는 5mm 크기로 다져요.

4 당근은 껍질을 벗겨 5mm 크기로 다져요.

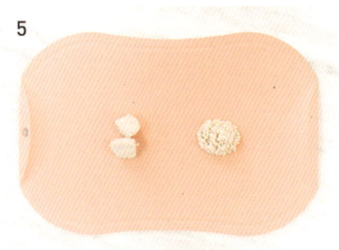

5 삶은 닭고기를 5mm 크기로 다져요.

6 냄비에 쌀, 닭고기, 양배추, 콩나물, 당근, 물 250㎖를 넣어 끓여요.

7 끓어오르면 약불로 줄이고 뚜껑을 닫아 5분 정도 끓여요.
뚜껑을 열고 잘 저어 2분 정도 더 끓여 완성해요.

16

소고기 파프리카 감자무른밥

파프리카는 각종 영양소가 풍부하기로 유명한 채소이지요.
고기의 잡내를 제거하고 감칠맛을 낸답니다. 후기에는 더욱 다양한 식재료를 사용해
골고루 먹이며 먹는 양을 조금씩 늘려보세요.

재료

- 소고기 안심 30g
- 파프리카 20g
- 감자 20g
- 불린 쌀 50g
- 물 250㎖

 만드는 법

1 소고기는 끓는 물에 넣어 3분 정도 삶아내요.

Tip - 소고기는 찬물에 미리 20분 정도 담가 핏물을 제거해 놓아요.

2 파프리카는 씨를 제거하고 5mm 크기로 다져요.

3 감자는 껍질을 제거하고 5mm 크기로 다져요.

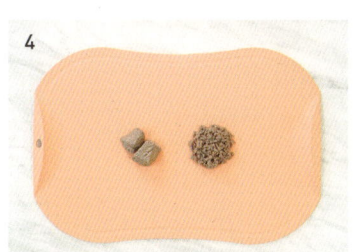

4 삶은 소고기를 5mm 크기로 다져요.

5 냄비에 쌀, 소고기, 파프리카, 감자, 물 250㎖를 넣어 끓여요.

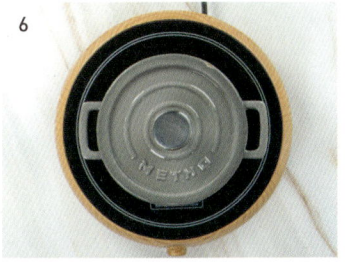

6 끓어오르면 약불로 줄이고 뚜껑을 닫아 5분 정도 끓여요.

7 뚜껑을 열고 잘 저으며 2분 정도 더 끓여 완성해요.

17 소고기 애호박 콩나물무른밥

애호박의 초록색, 당근의 붉은색, 콩나물의 노란색이 어우러진 알록달록 무른밥이에요.
호기심이 많은 아기에게 색깔로 재미를 주어보세요.

재료

- 애호박 20g
- 소고기 안심 30g
- 콩나물 20g
- 당근 10g
- 불린 쌀 50g
- 물 250㎖

만드는 법

1 소고기는 끓는 물에 넣어 3분 정도 삶아요.
Tip - 소고기는 찬물에 미리 20분 정도 담가 핏물을 제거해 놓아요.

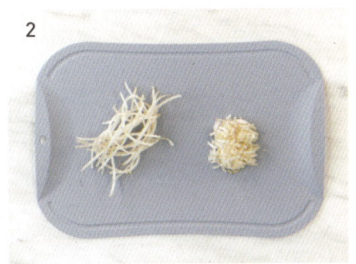

2 콩나물은 머리와 꼬리를 뗀 후 5mm 크기로 다져요.

3 애호박은 껍질과 씨를 제거하고 5mm 크기로 다져요.
Tip - 당근이나 무 등 아이가 잘 먹는 채소로 대체해도 좋아요.

4 당근은 껍질을 벗겨 5mm 크기로 다져요.

5 삶은 소고기는 5mm 크기로 다져요.

6 냄비에 쌀, 소고기, 애호박, 콩나물, 당근, 물 250㎖를 넣어 끓여요.

7 끓어오르면 약불로 줄이고 뚜껑을 닫아 5분 정도 끓여요.

8 뚜껑을 열고 잘 저으며 2분 정도 더 끓여 완성해요.

Tip - 쌀보다 채소를 더 좋아하면 채소를 추가해도 좋아요.

후기 1단계

간식

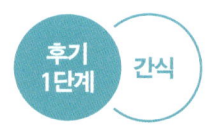

단호박 감자부침

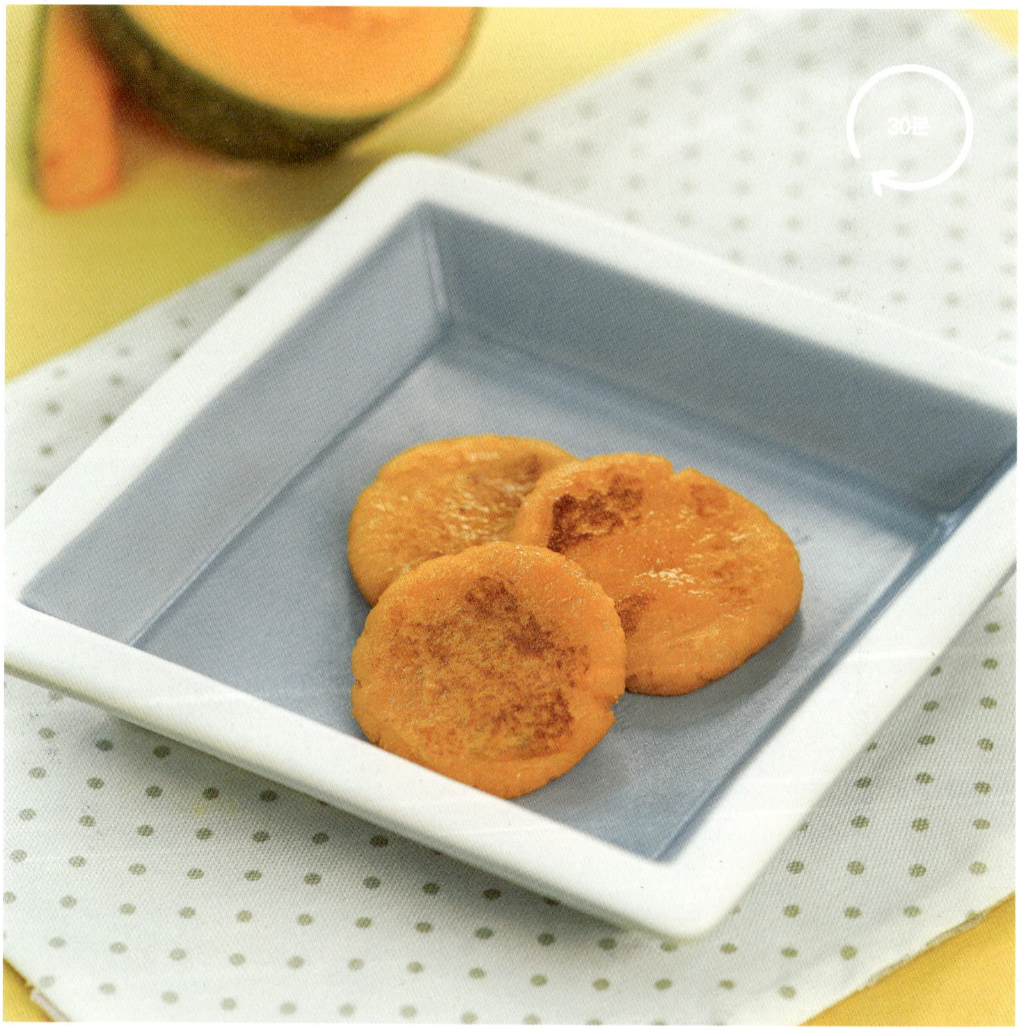

쫄깃한 단호박 감자부침은 아기들에게 인기 만점이에요.
단호박의 단맛과 감자의 쫄깃한 식감에 찹쌀의 쫀득함을 더했어요.

재료

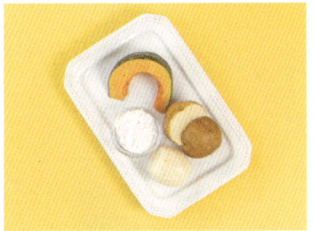

☐ 단호박 50g
☐ 감자 100g
☐ 찹쌀가루 1숟가락

1

단호박은 김이 오른 찜기에 15분 정도 쪄요.

2

단호박은 껍질을 벗긴 후 으깨요.

3

감자는 껍질을 벗긴 후 강판에 갈아 체에 받쳐 물기를 빼요.

4

으깬 단호박, 감자, 찹쌀가루를 섞어 반죽해요.

5

반죽을 1/2숟가락씩 떠서 동글 납작하게 빚어요.

6

달군 팬에 기름을 두른 다음 반죽을 올리고 부쳐 완성해요.

후기 1단계

간식

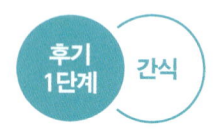

고구마말랭이

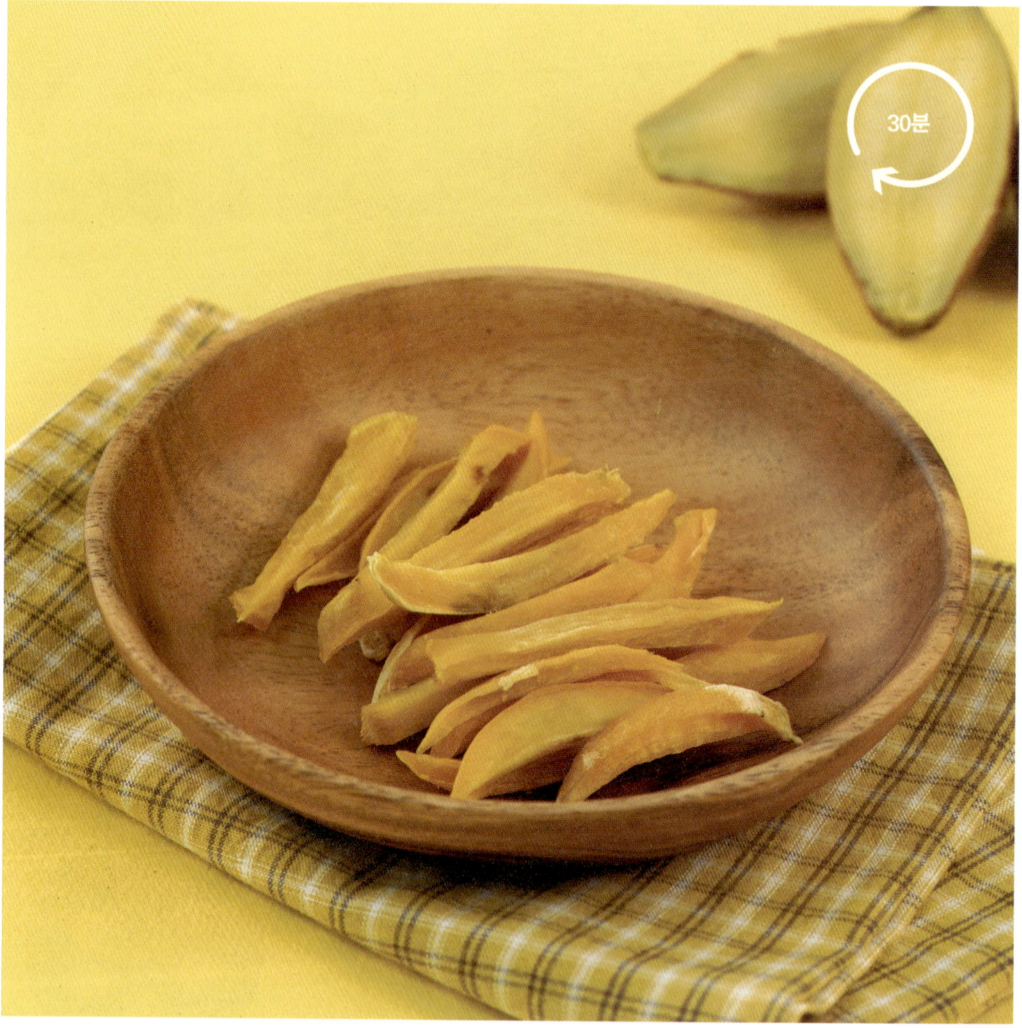

엄마가 먹여주는 것은 거부하면서 혼자 숟가락으로 잘 먹지도 못하는 시기가 있어요. 이럴 때는 핑거푸드를 같이 먹게 하면 도움이 됩니다. 하지만 처음부터 바로 잘 먹을 거라고 기대하시면 안 되겠지요? 일단 음식을 손으로 만지고 냄새를 맡고 가지고 놀 시간을 주세요. 충분히 탐색한 다음 먹을 수 있게 해주셔야 합니다. 식탁 주변이 더러워지는 것은 어쩔 수 없답니다.

재료

☐ 고구마 2개(작은 고구마)

고구마는 깨끗이 씻어 한 김 오른 찜기에 넣어 20분 정도 쪄요.

Tip - 고구마의 크기에 따라 찌는 시간을 조절해요.

찐 고구마는 껍질을 벗기고 아이가 먹기 좋게 잘라요.

공기가 통하는 채반에 올려 반나절 이상 말려 완성해요.

Tip - 건조기(2시간)나, 에어프라이어(낮은 온도, 약 30분), 오븐(100도, 약 40분)을 이용해도 좋아요. 중간에 뒤집어주세요.

후기 2단계 이유식

만 10~12개월

이유식과 분유 양

이유식
150~200㎖씩
하루 세 번

모유 또는 분유
500~600㎖

입자 크기와 농도

쌀

무른밥 또는 진밥: 불린 쌀과 물의 비율이 1:4인 4배죽

쌀알 그대로 사용해요.

고기

익혀서 5mm 크기로 썰어요.

채소

익혀서 5mm 크기로 썰어요.

후기 2단계를 시작하기 전에

◆ 좋은 식습관 만들어주기

이 시기에는 아이가 걷기 시작하면서 활동 반경이 넓어지고 식사 시간이 더 산만해지는 경우가 많아요. 그래서 돌아다니지 않고 한자리에 앉아서 먹도록 이끌어주는 것이 중요합니다. 아이가 잘 먹지 않는다고 영상을 보여주거나 장난감 등으로 관심 끌며 몰래 떠먹이는 것은 피해주세요.

식사 시간에는 식사에만 집중하게끔 가족들과 함께 식사하고 식사를 마칠 때까지 한자리에 앉아서 먹도록 해주세요. 식사 중에 일어나버리면 그 다음 식사 때까지 아무것도 주지 않아야 해요. 습관은 하루 아침에 잡을 수 없답니다. 되는 것과 안 되는 것을 명확히 해주어야 하며 모든 가족이 일관성 있게 대하는 것이 중요합니다.

이유식을 먹는 도중 의자에서 장난치다 떨어지는 낙상사고가 일어날 수 있으므로 조심해야 해요. 가급적이면 이유식 의자에 있는 벨트를 잘 채워주는 것이 안전합니다. 또한 질식 위험이 있을 수 있기 때문에 이유식 먹는 내내 옆에서 잘 지켜봐주셔야 합니다.

◆ 주의해야 할 음식 재료

이 시기에는 계란 흰자도 먹을 수 있으나 간혹 알레르기 반응을 일으킬 수 있으니 주의 깊게 관찰해야 합니다. 계란 요리를 할 때에는 노른자까지 완전히 익혀주세요. 멸치는 칼슘이 풍부하지만 너무 짜고 맛이 강해서 주의해야 해요. 만약 사용한다면 물에 푹 담궈 짠맛을 빼고 기름 없이 볶아 수분을 제거한 다음 갈아서 사용해볼 수 있습니다. 꿀과 생우유는 돌 전에는 절대 먹이지 않습니다.

◆ 알아두면 좋은 요리 팁

간식으로 과일을 갈아주는 것은 괜찮지만 갈아둔 과일을 오래 보관하면 세균이 증식되어 면역력이 약한 아이에게 유해할 수 있어요. 따라서 미리 갈아두지 말고 먹이기 직전에 갈아주세요. 시판 주스는 과당이 너무 많기 때문에 가급적 주지 않는 것이 좋습니다.

이 시기에 모든 재료를 섞어주는 것을 싫어하는 아기가 간혹 있어요. 이런 경우 채소죽에 고기를 따로 조리해 얹어주거나(62쪽 참고) 무른 밥에 조리된 반찬을 얹어주면 더욱 잘 먹을 수 있답니다. 반찬은 어렵게 생각할 필요 없이 이유식에 들어가는 재료를 그대로 사용하여 밥과 섞지 않고 따로 주면 됩니다.

후기 2단계 한 달 식단

식단을 짤 때 참고할 수 있는 식단표입니다. 반드시 이 순서를 지킬 필요는 없어요. 구하기 쉽고 본인이 잘 사용하는 재료로 만들어주시면 됩니다.

		1일	2일	3일	4일	5일	6일	7일
1주차	아침	소고기 부추진밥			가자미 김진밥		닭고기 참깨진밥	
	점심	소고기 미역진밥			소고기 애호박진밥			대구 콩나물진밥
	저녁	대구 콩나물진밥			소고기 미역진밥			소고기 애호박진밥
		8일	9일	10일	11일	12일	13일	14일
2주차	아침	닭고기 참깨진밥		닭고기 팽이버섯 부추진밥			닭고기 두부 느타리진밥	
	점심	대구 콩나물진밥		소고기 브로콜리진밥			소고기 미역진밥	
	저녁	소고기 애호박진밥		가자미 김진밥			소고기 부추진밥	
		15일	16일	17일	18일	19일	20일	21일
3주차	아침	닭고기 두부 느타리진밥	닭고기 참깨진밥			새우 당근 애호박 보리진밥		
	점심	소고기 미역진밥	갈치 무진밥			보리 연두부진밥		
	저녁	소고기 부추진밥	닭고기 김 새송이진밥			닭고기 양송이 브로콜리 당근진밥		
		22일	23일	24일	25일	26일	27일	28일
4주차	아침	검은콩 당근 애호박진밥			된장 당근 애호박진밥			닭고기 김 새송이진밥
	점심	갈치 무진밥			가자미 김진밥			대구 콩나물진밥
	저녁	닭고기 숙주 애호박 현미진밥			소고기 애호박진밥			소고기 양배추 진밥
		29일	30일					
5주차	아침	닭고기 김 새송이진밥						
	점심	대구 콩나물진밥						
	저녁	소고기 양배추 진밥						

* 가급적 오전에 새로운 음식을 시도해 보는 것으로 식단표를 작성하였습니다.
* 3일간 같은 음식을 먹는 것으로 짜보았으나 매끼 자주 바꿔서 먹이고 싶으신 경우 새로 추가된 재료를 3일간 기존에 먹어보았던 음식에 섞어 넣으며 바꿔주시면 됩니다.
* 아토피피부염이나 음식알레르기가 있는 경우 새로운 음식은 4~5일 간격으로 추가하실 것을 권장드립니다.

1 소고기 미역진밥

25분

완료기 전에는 진밥을 먹이게 되는데요. 입자는 천천히 늘리셔도 됩니다. 아이가 거부감을 느낀다고 조급해하지는 않으셔도 돼요. 이때부터는 좋은 식습관을 만들어주기 위해 이끌어주세요. 미역은 요오드 함량이 높아 면역력을 높여주고 무기질이 풍부해서 성장과 발달에 도움이 됩니다.

재료

☐ 소고기 30g ☐ 불린 미역 10g ☐ 불린 쌀 60g ☐ 물 250㎖

 만드는 법

1. 미역은 찬물에 10분 정도 담가 불려 놓아요.

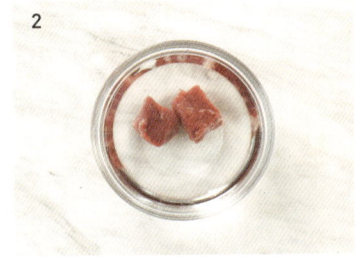

2. 소고기는 찬물에 20분 정도 담가 핏물을 제거해요.

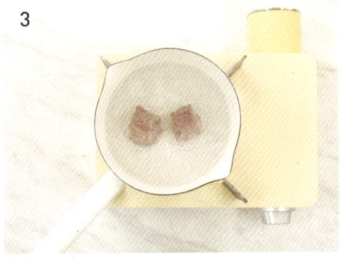

3. 소고기를 끓는 물에 넣어 3분 정도 삶아요.

4. 불린 미역을 5mm 크기로 다져요.

5. 삶은 소고기를 5mm 크기로 다져요.

6. 냄비에 쌀, 소고기, 미역, 물 250㎖를 넣어 끓여요.

7. 끓어오르면 약불로 줄이고 뚜껑을 닫아 5분 정도 끓여요.

8. 뚜껑을 열고 잘 저은 후 뚜껑을 닫고 불을 끈 다음 2분 이상 뜸을 들여 완성해요.

2 보리 연두부 진밥

25분

식이섬유가 풍부한 보리를 쌀과 섞어 진밥을 만들어보았어요. 특유의 식감을 느낄 수 있는 이유식입니다.
여기에 부드러운 식감의 연두부도 넣었어요. 고단백 저열량 식품으로 성장 발달에 도움을 줍니다.

재료

- 연두부 20g
- 브로콜리 20g
- 보리쌀 30g
- 불린 쌀 30g
- 물 250㎖

 만드는 법

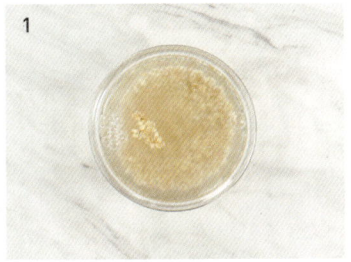

1. 보리는 5시간 이상 불려 준비해요.

Tip - 전날 냉장고에 넣어 불려두면 좋아요.

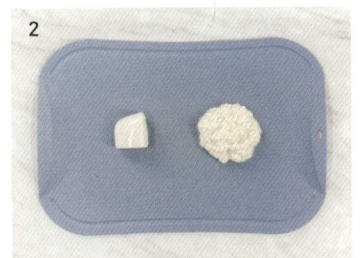

2. 연두부는 따뜻한 물에 10분 정도 담갔다가 건져내고 칼이나 도구를 이용해 으깨요.

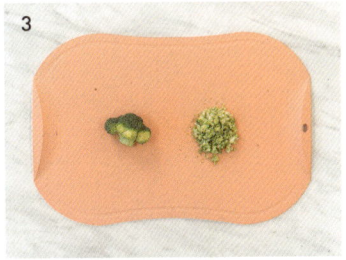

3. 브로콜리는 줄기를 제거하고 송이 부분만 5mm 크기로 다져요.

Tip - 브로콜리 대신 냉장고에 있는 다른 채소를 활용해도 좋아요.

4. 냄비에 쌀, 보리쌀, 브로콜리, 연두부, 물 250㎖를 넣어 끓여요.

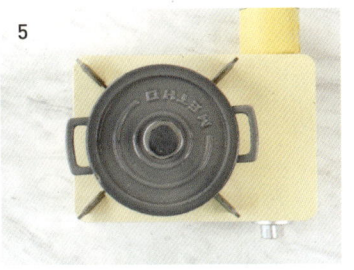

5. 끓어오르면 약불로 줄이고 뚜껑을 닫아 5분 정도 끓여요.

6. 뚜껑을 열고 잘 저은 후 뚜껑을 닫고 불을 끈 다음 2분 이상 뜸을 들여 완성해요.

Tip - 고기 소보로와 함께 주시면 더욱 좋아요. (62쪽 참고)

3 소고기 부추진밥

25분

부추는 비타민과 철, 카로틴 등이 많이 함유되어 있어요.
아기에게는 연하고 얇은 영양부추를 사용하면 좋답니다. 향긋한 부추가 소고기와 잘 어울릴 거예요.

재료

☐ 소고기 30g   ☐ 부추 10g   ☐ 불린 쌀 60g   ☐ 물 250㎖

 **만드는 법**

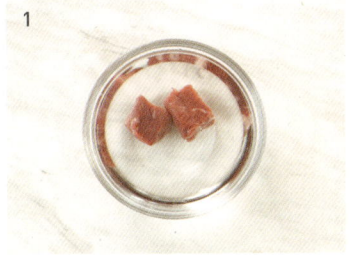

1. 소고기는 찬물에 20분 정도 담가 핏물을 제거해요.

2. 소고기는 끓는 물에 넣어 3분 정도 삶아요.

3. 부추는 5mm 크기로 다져요.

4. 삶은 소고기는 5mm 크기로 다져요.

5. 냄비에 쌀, 소고기, 부추, 물 250㎖를 넣어 끓여요.

6. 끓어오르면 약불로 줄이고 뚜껑을 닫아 5분 정도 끓여요.

7. 뚜껑을 열고 잘 저은 후 뚜껑을 닫고 불을 끈 다음 2분 이상 뜸을 들여 완성해요.

4 소고기 애호박진밥

애호박에는 두뇌발달에 도움을 주는 레시틴과 기타 비타민, 미네랄이 풍부합니다. 다만 양쪽 끝과 껍질 부분에는 식이섬유가 많고 단단하므로 이유식에는 가운데 부분의 속살만 이용하세요. 알레르기가 비교적 덜 일어나는 채소이며 장을 편안하게 해줍니다.

재료

☐ 소고기 30g ☐ 애호박 20g ☐ 불린 쌀 60g ☐ 물 250㎖

만드는 법

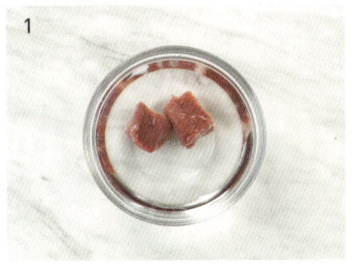

1. 소고기는 찬물에 20분 정도 담가 핏물을 제거해요.

2. 소고기는 끓는 물에 넣어 3분 정도 삶아내요.

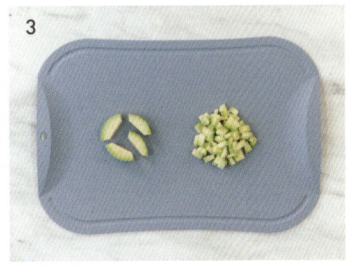

3. 애호박은 껍질과 씨를 제거하고 5mm 크기로 다져요.

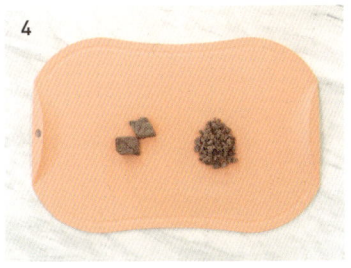

4. 삶은 소고기는 5mm 크기로 다져요.

5. 냄비에 쌀, 소고기, 애호박, 물 250㎖를 넣어 끓여요.

6. 끓어오르면 약불로 줄이고 뚜껑을 닫아 5분 정도 끓여요.

7. 뚜껑을 열고 잘 저은 후 뚜껑을 닫고 불을 끈 다음 2분 이상 뜸을 들여 완성해요.

5 대구 콩나물진밥

콩나물은 사포닌과 비타민 C, 아미노산 등 영양소가 풍부해 아기가 감기 걸렸을 때 먹이면 좋아요.
해열 효과도 있고 변비에도 좋지요.
콩나물의 꼬리부분은 질겨서 아기에게 부담될 수도 있으니 잘라주세요.
비린 맛을 아이가 싫어한다면 콩나물 머리도 잘라주는 것이 좋답니다.

재료

☐ 대구 30g ☐ 콩나물 20g ☐ 당근 10g
☐ 불린 쌀 60g ☐ 물 250㎖

만드는 법

1. 대구살은 끓는 물에 넣어 2분 정도 삶아요.

2. 삶은 대구는 5mm 크기로 다져요.

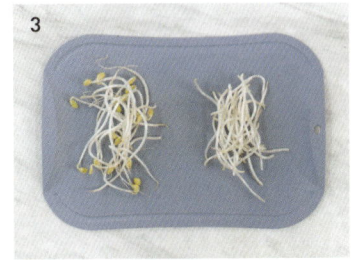

3. 콩나물은 머리와 꼬리를 제거해요.

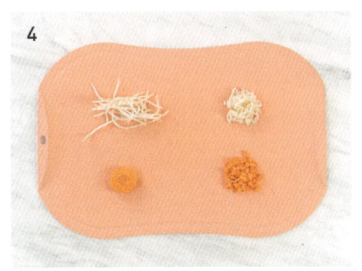

4. 콩나물과 당근을 각각 5mm 크기로 다져요.

5. 냄비에 쌀, 대구, 콩나물, 당근, 물 250㎖를 넣어 끓여요.

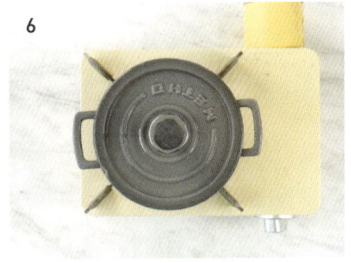

6. 끓어오르면 약불로 줄이고 뚜껑을 닫아 5분 정도 끓여요.

7. 뚜껑을 열고 잘 저은 후 뚜껑을 닫고 불을 끈 다음 2분 이상 뜸을 들여 완성해요.

6 가자미 김진밥

김은 비타민 C와 단백질이 풍부해요.
김을 고를 때는 잡티가 없고 검은빛이 돌며 광택이 있는 것으로 고르세요.
염분이 많은 조미김은 피해야 합니다.

재료

☐ 가자미 30g ☐ 김 1/2장 ☐ 불린 쌀 60g
☐ 당근 10g ☐ 물 250㎖

Tip - 소금을 치지 않은 마른 김을 준비하세요.

만드는 법

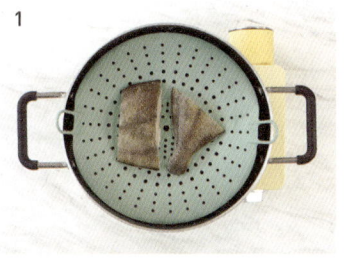

1
가자미는 한 김 오른 찜기에 올려서 10분 정도 쪄요.

2
찐 가자미의 가시를 제거해요.

3
가시를 제거한 가자미는 5mm 크기로 다져요.

4
당근은 5mm 크기로 다져요.

5
김은 살짝 구운 후 부숴요.

6
냄비에 쌀, 가자미, 당근, 물 250㎖를 넣어 끓여요.

7
끓어오르면 약불로 줄인 다음 김을 넣어 뚜껑을 닫고 5분 정도 끓여요.

8
뚜껑을 열고 잘 저은 후 뚜껑을 닫고 불을 끈 다음 2분 이상 뜸을 들여 완성해요.

289

7 검은콩 당근 애호박진밥

30분

콩은 식물성 고기라고 할 만큼 단백질을 비롯한 영양분이 풍부해요.
특히 검은콩은 시력발달과 항산화 효과가 있는 안토시아닌 색소를 많이 함유하고 있는
대표적인 블랙푸드랍니다.

재료

- 검은콩 20g □ 당근 10g □ 애호박 10g
- 불린 쌀 60g □ 물 250㎖

 **만드는 법**

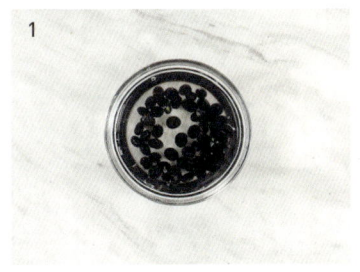

1. 검은콩은 물에 5시간 이상 불려 준비해요.

   Tip- 하루 전날 냉장고에 넣어 미리 불려두면 좋아요.

2. 끓는 물에 검은콩을 넣어 15분 정도 삶아요.

3. 삶은 검은콩을 껍질을 벗겨 5mm 크기로 다져요.

4. 당근은 5mm 크기로 다져요.

5. 애호박은 5mm 크기로 다져요.

6. 냄비에 쌀, 검은콩, 애호박, 당근, 물 250㎖를 넣어 끓여요.

7. 끓어오르면 약불로 줄이고 뚜껑을 닫아 5분 정도 끓여요.

8. 뚜껑을 열고 잘 저은 후 뚜껑을 닫고 불을 끈 다음 2분 이상 뜸을 들여 완성해요.

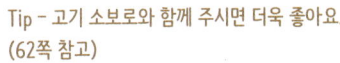

Tip - 고기 소보로와 함께 주시면 더욱 좋아요. (62쪽 참고)

8 닭고기 참깨진밥

참깨는 불포화지방산이 풍부해 뇌에 영양분을 공급해주는 뇌건강 식품이랍니다.
고소한 참깨로 풍미를 더한 닭고기 참깨진밥을 만들어보세요.

재료

- 닭고기 30g
- 당근 10g
- 애호박 10g
- 참깨 약간
- 불린 쌀 60g
- 물 250㎖

 **만드는 법**

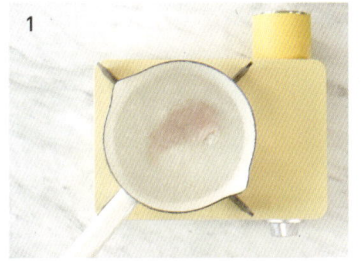

1. 닭고기는 끓는 물에 넣어 3분 정도 삶아요.

2. 삶은 닭고기는 5mm 크기로 다져요.

3. 당근은 5mm 크기로 다져요.

4. 애호박은 껍질과 씨를 제거하고 5mm 크기로 다져요.

5. 냄비에 쌀, 닭고기, 당근, 애호박, 물 250㎖를 넣어 끓여요.

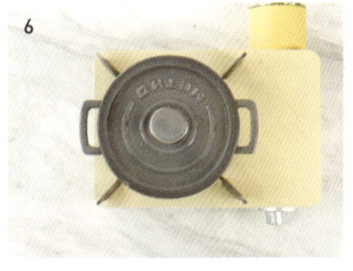

6. 끓어오르면 절구로 으깬 참깨를 넣어 섞은 후 약불로 줄여 뚜껑을 닫고 5분 정도 끓여요.

7. 뚜껑을 열고 잘 저은 후 뚜껑을 닫고 불을 끈 다음 2분 이상 뜸을 들여 완성해요.

9 닭고기 양송이 브로콜리 당근진밥

30분

고소한 맛이 일품인 양송이버섯은 버섯 중에 단백질 함량이 높은 버섯이랍니다.
버섯과 함께 다양한 채소와 닭고기를 넣어 영양 만점의 이유식을 만들어보았어요.

재료

- 닭고기 안심(또는 닭가슴살) 30g
- 양송이 20g
- 브로콜리 10g
- 당근 10g
- 불린 쌀 60g
- 물 250㎖

 **만드는 법**

1. 닭고기 안심은 힘줄을 제거하고 끓는 물에 3분 이상 익혀요.

2. 양송이는 기둥을 제거하고 껍질을 벗겨 준비해요.

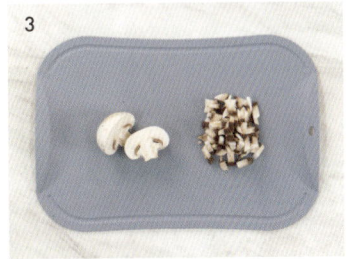

3. 양송이를 5mm 크기로 다져요.

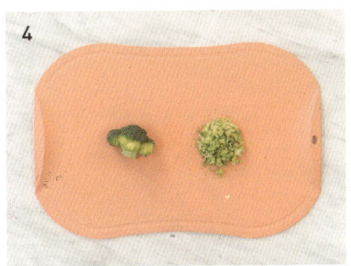

4. 브로콜리는 5mm 크기로 다져요.

5. 당근은 5mm 크기로 다져요.

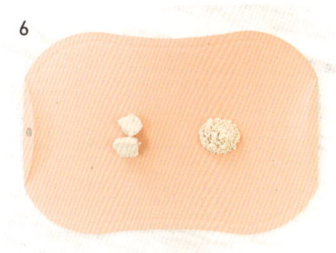

6. 닭고기를 5mm 크기로 다져요.

7. 냄비에 쌀, 닭고기, 양송이, 브로콜리, 당근, 물 250㎖를 넣어 끓여요.

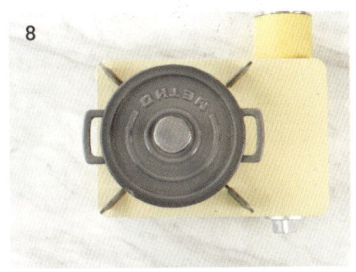

8. 끓어오르면 약불로 줄이고 뚜껑을 닫아 5분 정도 끓여요.

9. 뚜껑을 열고 잘 저은 후 뚜껑을 닫고 불을 끈 다음 2분 이상 뜸을 들여 완성해요.

10 닭고기 팽이버섯 부추진밥

30분

담백한 맛이 나는 팽이버섯에 칼륨 함량이 높고 향긋한 향이 나는 부추를 더했어요.
단백질이 풍부한 닭고기까지 넣어 다채로운 맛과 식감 그리고 영양이 가득한 이유식을 만들어보세요.

재료

☐ 닭고기 안심(또는 닭가슴살) 30g ☐ 팽이버섯 20g
☐ 부추 20g ☐ 불린 쌀 60g ☐ 물 250㎖

 **만드는 법**

1. 닭고기 안심은 힘줄을 제거하고 끓는 물에 3분 이상 익혀요.

2. 팽이버섯은 5mm 크기로 다져요.

3. 부추는 5mm 크기로 다져요.

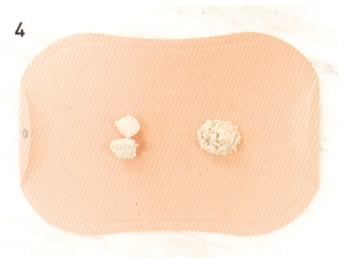

4. 삶은 닭고기를 5mm 크기로 다져요.

5. 냄비에 쌀, 닭고기, 팽이버섯, 부추, 물 250㎖를 넣어 끓여요.

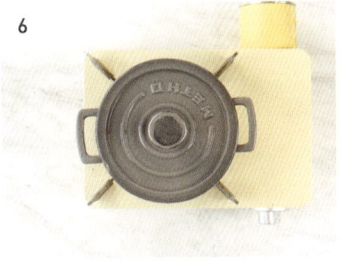

6. 끓어오르면 약불로 줄이고 뚜껑을 닫아 5분 정도 끓여요.

7. 뚜껑을 열고 잘 저은 후 뚜껑을 닫고 불을 끈 다음 2분 이상 뜸을 들여 완성해요.

11 닭고기 숙주 애호박 현미진밥

30분

현미에는 일반 쌀보다 칼슘이 더 많이 함유되어 있답니다.
일반 현미는 소화가 잘 안 될 수 있으므로 싹을 틔운 발아현미를 사용하면 좋아요.

재료

- 닭고기 안심(또는 닭가슴살) 30g
- 숙주 20g
- 애호박 20g
- 현미 30g
- 불린 쌀 30g
- 물 250㎖

 **만드는 법**

1

현미는 5시간 이상 충분히 불려요.
Tip – 하루 전날 냉장고에 넣어 미리 불려두면 좋아요.

2

닭고기 안심은 힘줄을 제거해 끓는 물에 3분 이상 익혀요.

3
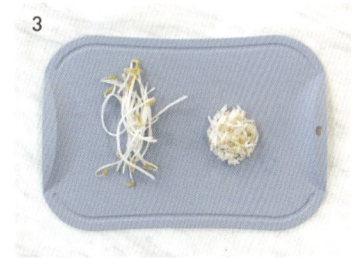
숙주는 머리와 꼬리를 제거하고 5mm 크기로 다져요.

4

애호박은 껍질과 씨를 제거하고 5mm 크기로 다져요.

5
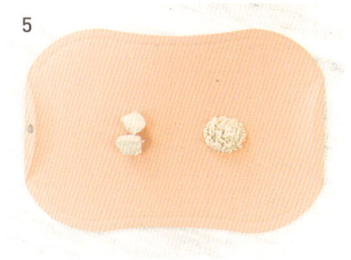
삶은 닭고기를 5mm 크기로 다져요.

6

냄비에 쌀, 현미, 닭고기, 숙주, 애호박, 물 250㎖를 넣어 끓여요.

7
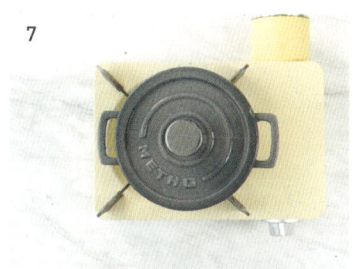
끓어오르면 약불로 줄이고 뚜껑을 닫아 5분 정도 끓여요.

8

뚜껑을 열고 잘 저은 후 뚜껑을 닫고 불을 끈 다음 2분 이상 뜸을 들여 완성해요.

12 닭고기 김 새송이 진밥

30분

친숙한 재료인 닭고기와 버섯에 김을 더해 새로운 식감과 감칠맛을 추가해보았는데요.
김은 여러 가지 비타민을 많이 함유하고 있는 데다 마그네슘, 철분도 풍부하고 요오드까지
함유하고 있어 아기의 성장은 물론 두뇌발달에도 좋답니다.

재료

- 닭고기 안심(또는 닭가슴살) 30g
- 김 1/2장
- 새송이버섯 20g
- 당근 10g
- 불린 쌀 60g
- 물 250㎖

 **만드는 법**

1. 닭고기 안심은 힘줄을 제거하고 끓는 물에 3분 이상 익혀요.

2. 새송이버섯을 5mm 크기로 다져요.

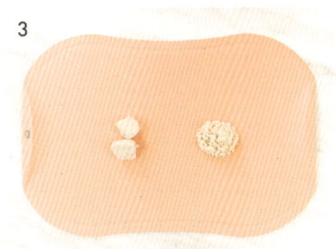

3. 삶은 닭고기를 5mm 크기로 다져요.

4. 당근은 5mm 크기로 다져요.

5. 김은 구운 후 잘게 부숴요.

6. 냄비에 쌀, 닭고기, 새송이버섯, 당근, 물 250㎖를 넣어 끓여요.

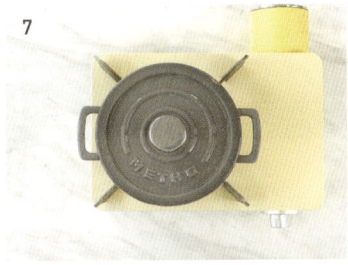

7. 끓어오르면 김을 넣은 후 약불로 줄이고 뚜껑을 닫아 5분 정도 끓여요.

8. 뚜껑을 열고 잘 저은 후 뚜껑을 닫고 불을 끈 다음 2분 이상 뜸을 들여 완성해요.

13 닭고기 두부 느타리진밥

30분

느타리버섯은 향이 은은하고 질감이 부드러워요.
각종 비타민과 칼륨이 풍부한 느타리버섯과 단백질이 풍부한 닭고기, 두부를 넣어
함께 요리하면 영양은 물론 맛도 좋아진답니다.

재료

☐ 닭고기 안심(또는 닭가슴살) 30g ☐ 두부 20g ☐ 느타리버섯 20g
☐ 당근 10g ☐ 불린 쌀 60g ☐ 물 250㎖

 **만드는 법**

1. 두부는 뜨거운 물에 5분 정도 담가놓아요.

2. 닭고기 안심은 힘줄을 제거하고 끓는 물에 3분 이상 익혀요.

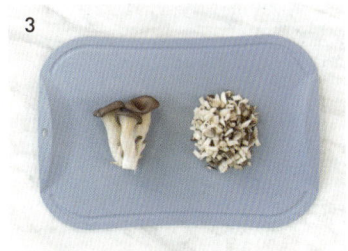

3. 느타리버섯은 5mm 크기로 다져요.

4. 당근은 5mm 크기로 다져요.

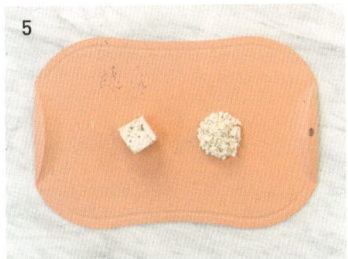

5. 두부는 으깨요.

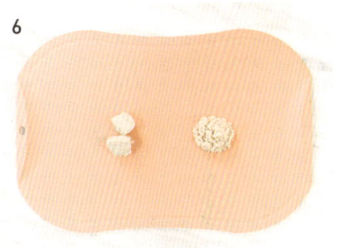

6. 삶은 닭고기는 5mm 크기로 다져요.

7. 냄비에 쌀, 닭고기, 느타리버섯, 당근, 두부, 물 250㎖를 넣어 끓여요.

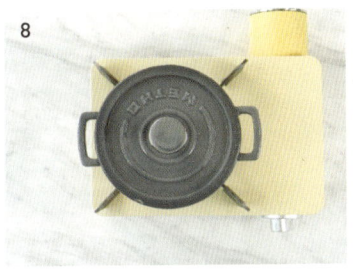

8. 끓어오르면 약불로 줄이고 뚜껑을 닫아 5분 정도 끓여요.

9. 뚜껑을 열고 잘 저은 후 뚜껑을 닫고 불을 끈 다음 2분 이상 뜸을 들여 완성해요.

14
새우 당근 애호박 보리진밥

30분

보리는 흰쌀보다 식이섬유가 많아요. 하지만 아기에게 부담이 될 수 있으니 쌀과 섞어서 만드는 게 좋답니다. 새우를 넣어서 감칠맛도 더했어요. 칼슘과 타우린 등 아기의 성장에 도움이 된답니다. 알레르기가 있는 경우 게, 새우, 가재 등의 갑각류는 돌 이후부터 시작하는 것이 좋아요.

재료

☐ 새우 30g ☐ 보리쌀 30g ☐ 당근 20g
☐ 애호박 20g ☐ 불린 쌀 60g ☐ 물 250㎖

 만드는 법

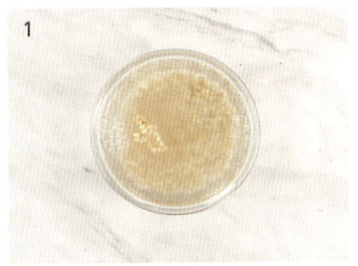

1. 보리는 5시간 이상 불려 준비해요.
Tip- 하루 전날 냉장고에 넣어 미리 불려두면 좋아요.

2. 새우는 손질하여 끓는 물에 넣어 1분 정도 삶아요.

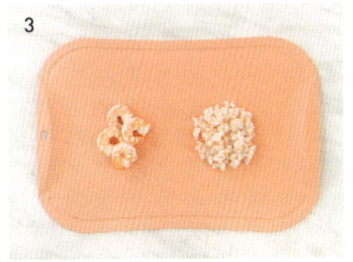

3. 삶은 새우는 5mm 크기로 다져요.

4. 당근은 5mm 크기로 다져요.

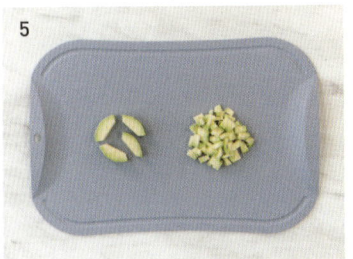

5. 애호박은 5mm 크기로 다져요.

6. 냄비에 쌀, 보리쌀, 새우, 당근, 애호박, 물 250㎖를 넣어요.

7. 끓어오르면 약불로 줄이고 뚜껑을 닫아 5분 정도 끓여요.

8. 뚜껑을 열고 잘 저은 후 뚜껑을 닫고 불을 끈 다음 2분 이상 뜸을 들여 완성해요.

15

갈치 무진밥

25분

갈치는 필수아미노산이 풍부한 단백질 식품이에요.
특히 라이신 함량이 높아 아기 성장에 도움을 주지요. 시원한 무를 함께 넣어 맛을 더욱 살렸어요.
갈치는 뼈를 발라내기 어려우므로 신경을 잘 써주셔야 해요.

재료

☐ 갈치 30g ☐ 무 20g ☐ 당근 10g ☐ 불린 쌀 60g ☐ 물 250㎖

 **만드는 법**

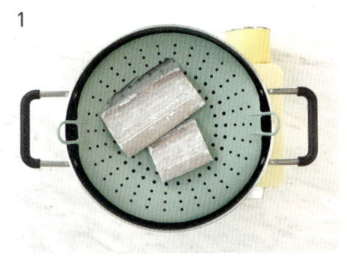

1 갈치는 비늘을 제거하고 한 김 오른 찜기에 올려 10분 정도 쪄요.

Tip - 뼈를 제거한 갈치를 구매해 이용해도 좋아요.

2 찐 갈치는 가시를 제거해요.

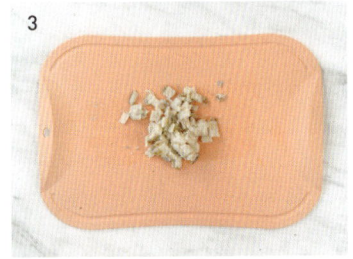

3 갈치살과 무, 당근은 5mm 크기로 다져요.

4 냄비에 쌀, 갈치, 무, 당근, 물 250㎖를 넣어 끓여요.

5 끓어오르면 약불로 줄이고 뚜껑을 닫아 5분 정도 끓여요.

6 뚜껑을 열고 잘 저은 후 뚜껑을 닫고 불을 끈 다음 2분 이상 뜸을 들여 완성해요.

16 된장 당근 애호박진밥

각종 채소에 된장을 넣어 구수한 맛을 살려보세요.
된장은 소화흡수가 잘되며 변비를 예방해주고 각종 영양이 풍부하지만 소금 함량에 유의해야 해요.
저염 된장을 구매해서 사용하면 좋답니다.

재료

- 된장 2g(1/2작은술) □ 당근 20g □ 애호박 20g
- 불린 쌀 60g □ 물 250㎖

 **만드는 법**

1. 당근은 껍질을 제거해요.

2. 애호박은 껍질과 씨를 제거해요.

3. 애호박은 5mm 크기로 다져요.

4. 당근은 5mm 크기로 다져요.

5. 냄비에 쌀, 당근, 애호박, 물 250㎖를 넣어 끓여요.

6. 된장을 거름망을 이용해 풀어 넣고 한소끔 끓여요.

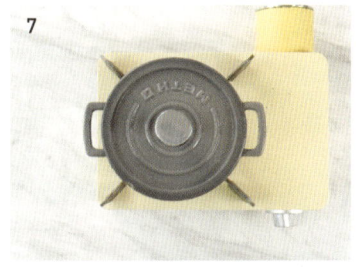

7. 끓어오르면 약불로 줄이고 뚜껑을 닫아 5분 정도 끓여요.

8. 뚜껑을 열고 잘 저은 후 뚜껑을 닫고 불을 끈 다음 2분 이상 뜸을 들여 완성해요.

Tip - 고기 소보로와 함께 주시면 더욱 좋아요. (62쪽 참고)

후기 2단계 | 간식

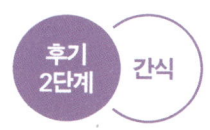

밤만주

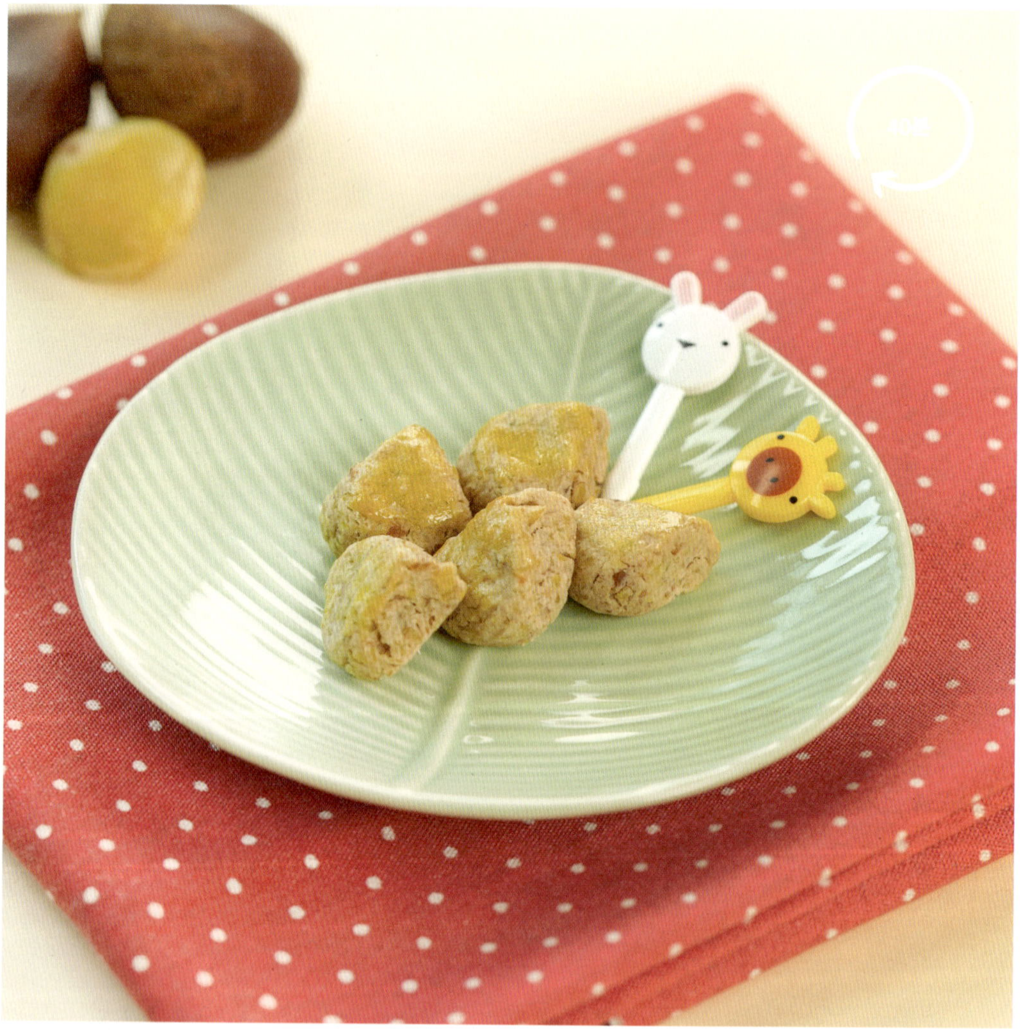

각종 영양분이 풍부하고 속을 편하게 해주는 밤으로 만주를 만들어볼까요?
달콤하고 부드러운 밤만주는 넉넉히 만들어 어른들이 먹어도 좋아요.

재료

- 밤 100g
- 아가베시럽 1숟가락

달걀물
- 달걀 노른자 1개

1. 밤은 껍질을 제거하고 찜기에 15분간 쪄요.

2. 삶은 밤을 으깬 후 아가베시럽을 넣고 섞어요.

3. 5g씩 나누어 동그랗게 빚어요.

4. 달걀 노른자를 풀어 약간씩 발라요.

5. 170도로 예열한 오븐에 10~12분 정도 구워 완성해요.

후기 2단계 간식

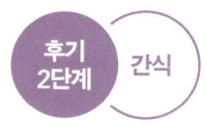

바나나빵

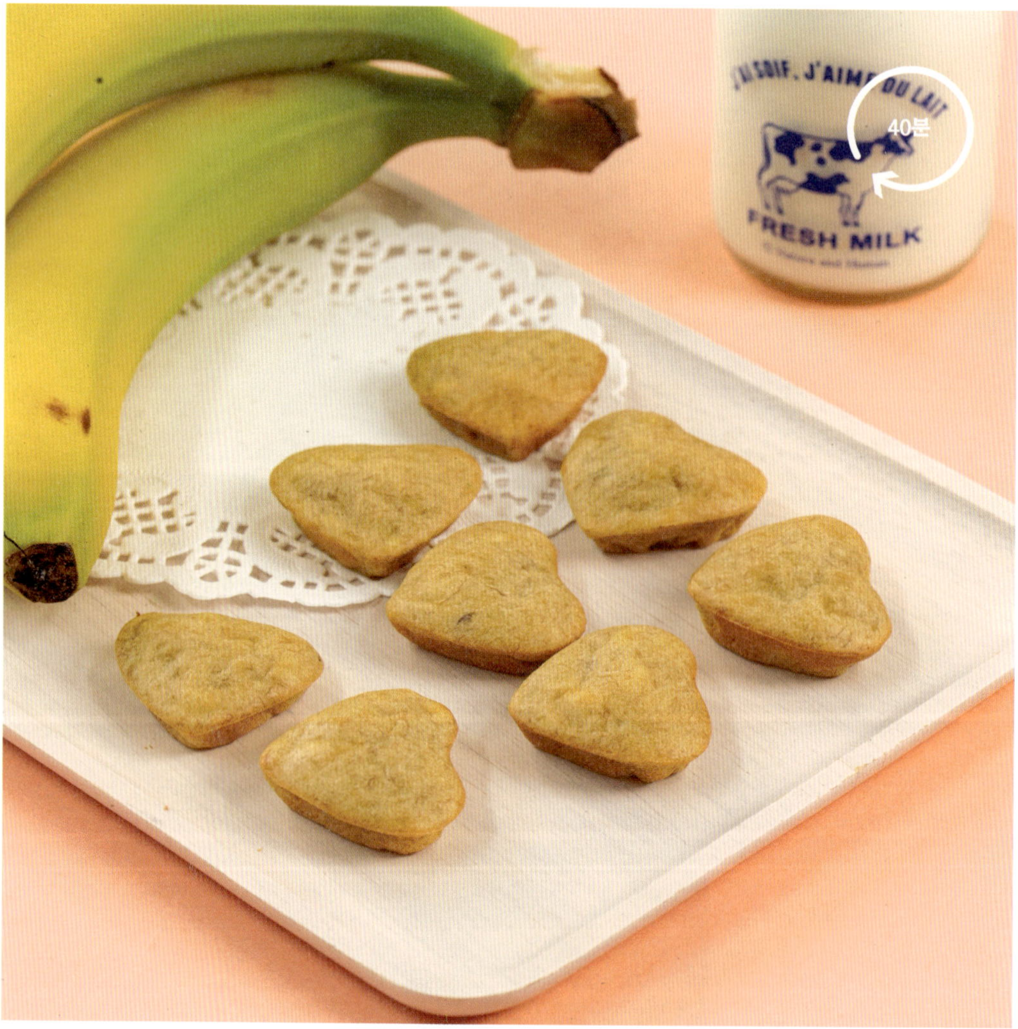

이 시기 아기들은 새로운 것에 호기심이 많지요.
만져보고 입에 넣어보는 것을 좋아하니 아기가 직접 핑거푸드를 장난감처럼 만져보게 하면 좋답니다.

재료

- 바나나 2개
- 유기농 밀가루 1/2종이컵
- 베이킹파우더 1/2작은술
- 포도씨유 1숟가락
- 달걀 노른자 1개
- 우유 3숟가락
- 아가베시럽 1숟가락

1

바나나는 껍질을 벗겨 포크나 매셔를 이용해 곱게 으깨요.

2

볼에 달걀 노른자, 포도씨유, 우유, 아가베시럽을 넣어 거품기로 섞어요.

3

밀가루와 베이킹파우더를 체에 쳐서 볼에 함께 넣어 섞어요.

4

반죽을 날가루가 없어질 때까지 섞은 다음 으깬 바나나를 넣어 섞어요.

6

미니 머핀틀이나 마들렌틀에 반죽을 80퍼센트 정도 채워요.

7

170도로 예열된 오븐에 20분 정도 구워 완성해요.

Tip - 오븐의 종류에 따라 시간을 조절해주세요.

후기
2단계

간식

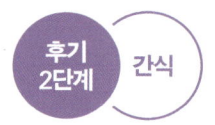

배콤포트

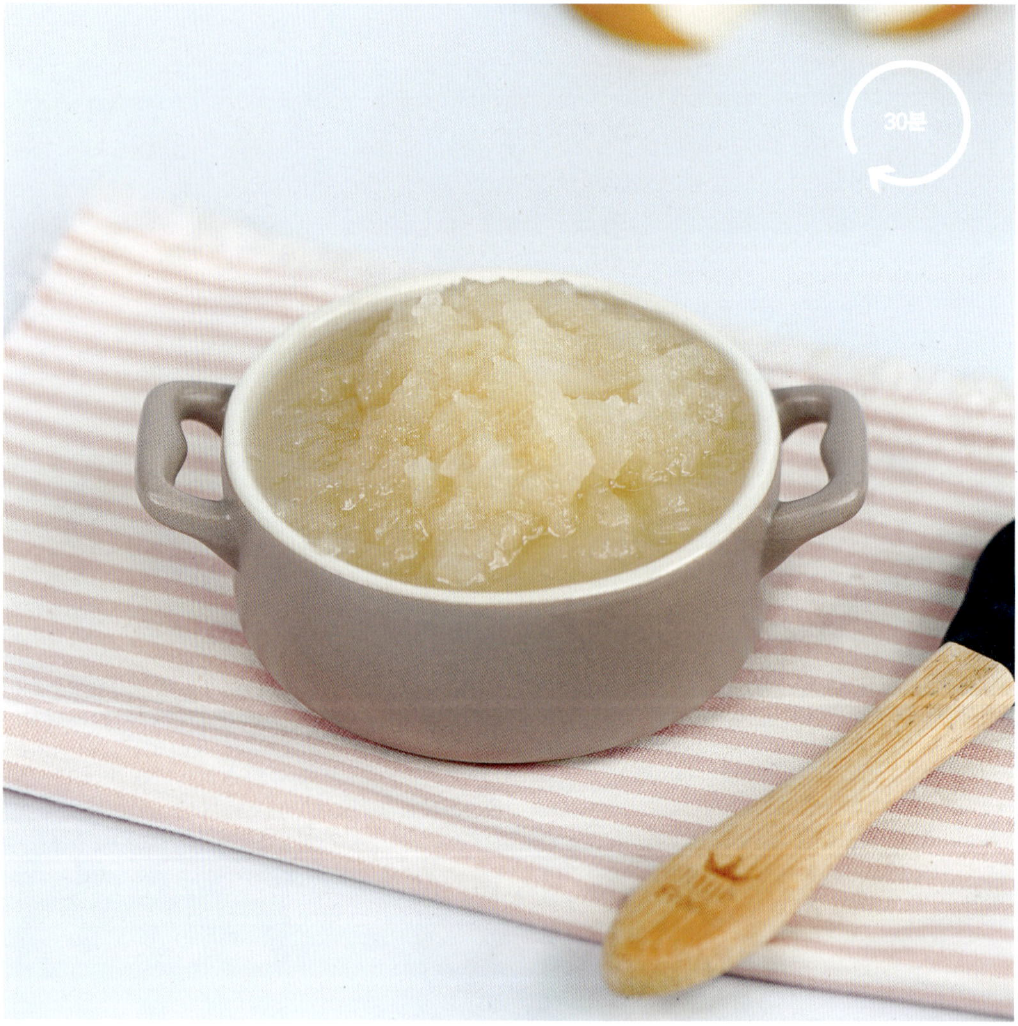

배의 시원하고 달콤한 맛을 듬뿍 느낄 수 있는 간식이에요.
달달한 배는 기침과 가래를 가라앉히는 과일이므로 아기가 감기에 걸렸을 때 간식으로 주면 좋답니다.

재료

☐ 배 1개
☐ 아가베시럽 2숟가락
☐ 레몬즙 1/2숟가락

배는 깨끗이 씻어 껍질을 벗긴 뒤 씨를 제거하고 곱게 채 썰어요.

냄비에 채 썬 배와 아가베시럽을 넣고 잘 섞은 다음 중불에 저어주면서 끓여요.

걸쭉한 농도가 되면 레몬즙을 넣고 섞은 후 불을 꺼요.

완전히 식힌 후 요거트나 빵과 함께 곁들여 완성해요.

후기 2단계 간식

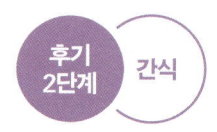

사과요거트

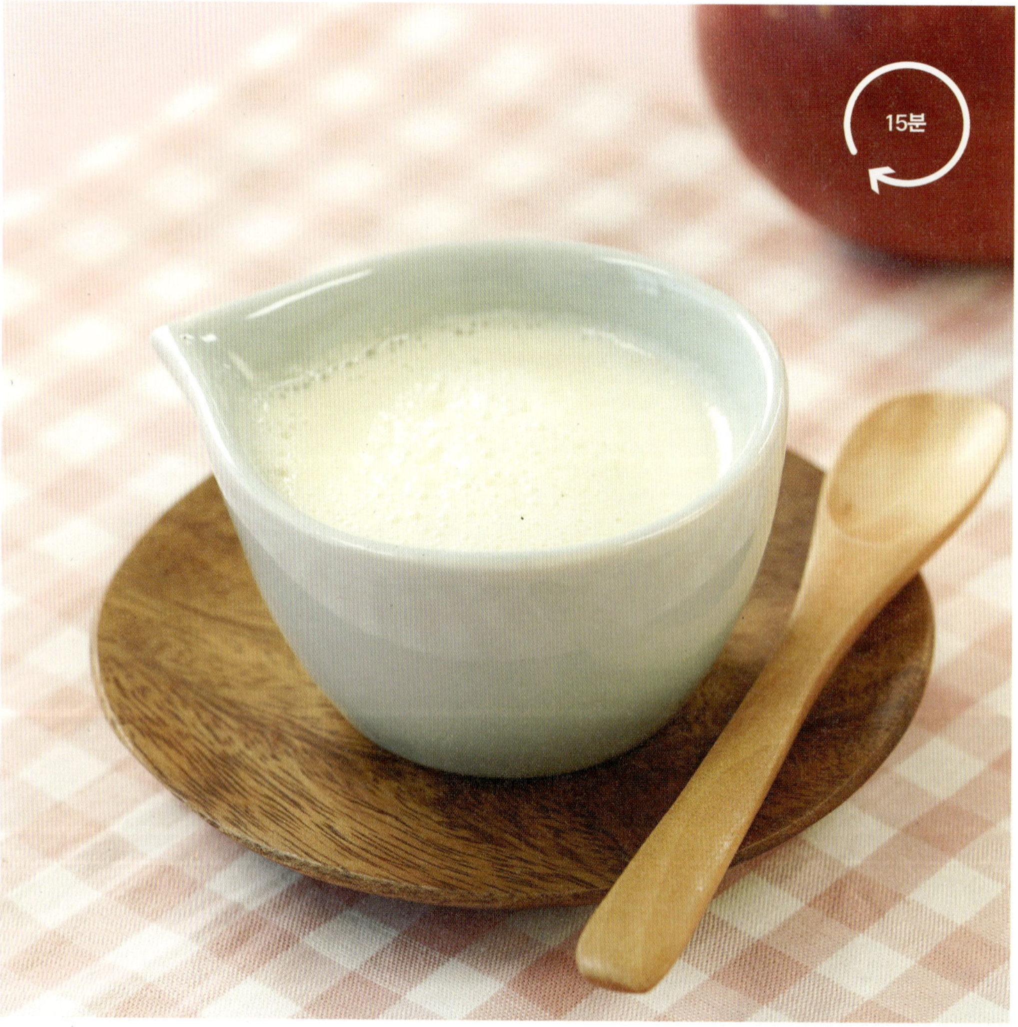

상큼하고 달콤한 사과는 요거트와 잘 어울리지요.
요구르트는 칼슘이 풍부해 뼈를 튼튼하게 하고 유산균이 많이 들어 있어 아기의 장을 튼튼하게 한답니다.

재료

☐ 사과 1/4개
☐ 아기용 무가당 요거트 3숟가락

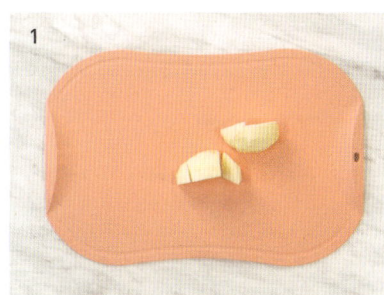

사과는 껍질을 벗겨 작게 잘라요.

자른 사과와 요거트를 믹서기에 넣어 곱게 갈아요.

Tip - 첨가물이 들어가지 않은 아기용 무가당 요거트를 사용해요.

그릇에 담아 완성해요.

후기 2단계 간식

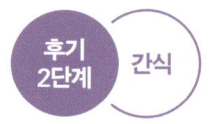

연두부샐러드

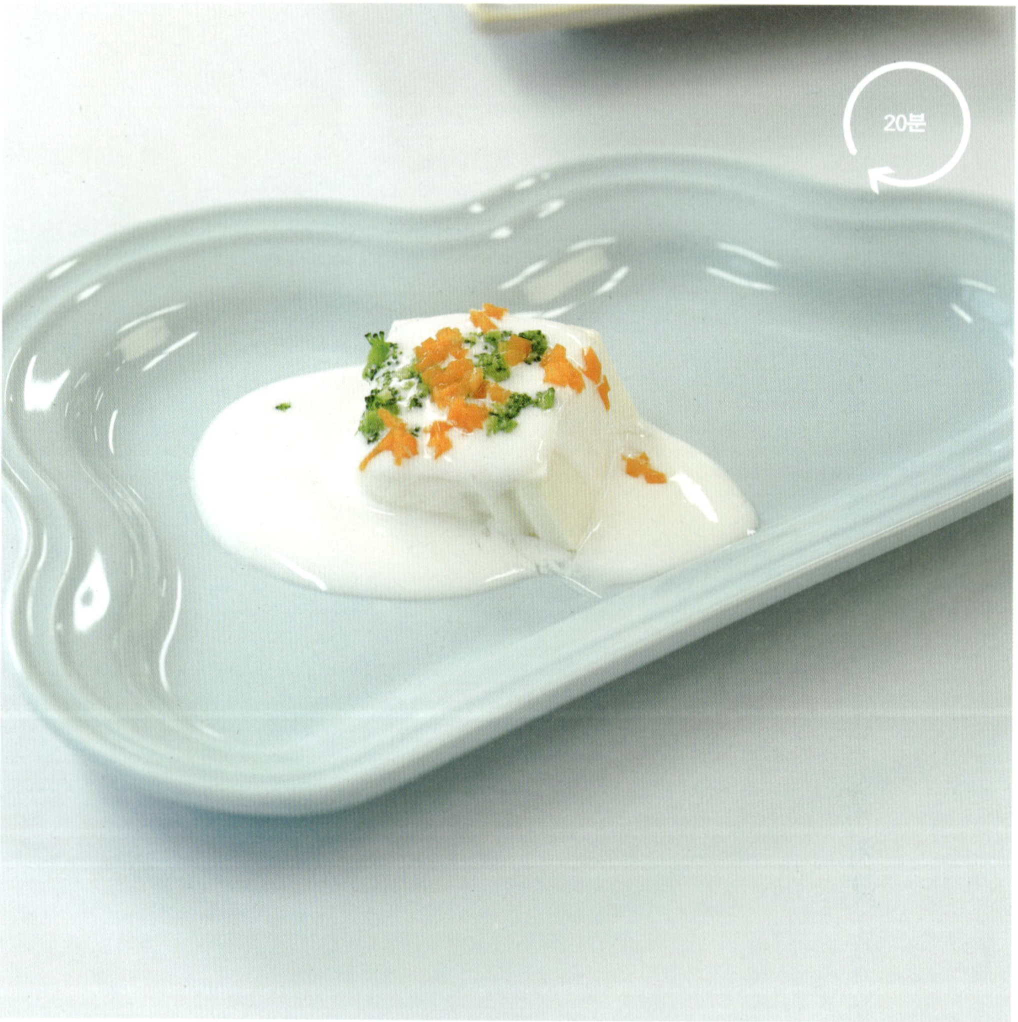

브로콜리와 당근으로 만들어 알록달록 색깔도 예쁜 연두부샐러드입니다.
연두부는 부드러워 이가 나지 않은 아기도 잘 먹을 수 있지요.
요거트는 당이 들어가지 않은 아기용 무가당 요거트로 준비해주세요.

재료

☐ 연두부 40g
☐ 브로콜리 약간
☐ 당근 약간
☐ 아기용 무가당 요거트 1숟가락

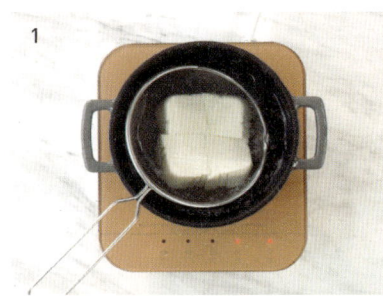

연두부는 끓는 물에 넣어 30초 정도 데쳐내요.

브로콜리, 당근은 끓는 물에 넣어 30초 정도 데쳐요.

데친 브로콜리, 당근을 잘게 다져요.

그릇에 연두부를 올리고 요거트를 소스로 올린 후 다진 채소를 올려 완성해요.

완료기 이유식

만 12개월 이후

이유식과 분유 양

이유식
150~200㎖씩
하루 세 번

모유 또는 생우유
400~500㎖

* 완료기까지 모유를 먹고 있는 아이라면 모유는 24개월까지 먹이는 것도 좋습니다. 우유 알레르기가 있는 아이는 24개월까지 우유 대신 모유나 HA분유로 먹여주세요.

입자 크기와 농도

쌀

2배죽 또는 진밥
쌀알 그대로 사용해요.

고기

0.8cm~1cm 크기로 썰어요.

채소

0.8cm~1cm 크기로 썰어요.

완료기를 시작하기 전에

◆ **완료기 이유식 요리**

완료기에는 어른이 먹는 음식을 대부분 다 먹을 수 있어요. 다만 성인 반찬보다 좀 더 잘게 썰어야 하며 조금 더 푹 익히고 간은 하지 않습니다. 간을 안 해도 잘 먹는다면 두 돌까지는 간을 하지 않는 것이 좋답니다. 특히 달고 짜고 기름진 음식, 인스턴트식품은 피해주세요. 현미나 잡곡은 조금씩 섞어주는 것을 추천합니다. 아직은 너무 질기거나 단단한 음식은 치아로 충분히 씹기 어려울 수 있으므로 부드럽게 푹 익히고 작은 조각으로 잘라 주어야 합니다. 무치거나 볶는 요리를 주어도 좋으나 너무 기름지게 요리하지는 말아주세요.

◆ **이유식 먹는 습관**

아침 먹는 습관을 길러야 하며 세 끼 식사를 식구들과 함께하는 것이 좋습니다. 도움 없이 혼자 먹는 연습을 잘 해두면 두 돌 전에 혼자서도 잘 먹을 수 있게 됩답니다. 밥과 다른 재료를 따로 주어서 음식을 스스로 선택할 수 있는 기회를 주세요. 편식하지 않도록 식판을 이용하여 먹을 수 있게 해주면 더욱 좋습니다.

◆ **완료기 이유식 양**

아직은 한꺼번에 많은 양을 먹을 수 없으며 금방 소화시키기 때문에 간식을 중간에 두 번 주는 것은 필요하나 식사에 방해되지 않을 정도로 소량만 주어야 합니다. 모유는 두 돌까지 먹이는 것을 추천하며 분유를 먹던 아이는 우유로 바꾸어 하루 400~500㎖ 정도 먹여주면 됩니다. 멸균우유든 생우유든 상관없어요. 다만 통통한 아이들은 이 시기부터 저지방 또는 무지방 우유를 먹는 것도 괜찮아요. 반드시 젖병은 끊고 컵으로 먹여주세요.

◆ **꼭 먹어야 할 음식과 주의해야 할 음식**

충분한 철분 섭취를 위해 고기는 하루에 40~50g 정도 먹이는 것이 좋습니다. 오메가 3 등 불포화 지방산이 풍부한 생선 역시 주 2회 정도 주는 것을 권유합니다. 모든 생선을 먹일 수 있으나 수은의 위험이 있을 수 있으니 너무 큰 생선보다는 한 마리를 통째로 식탁에 올릴 수 있는 작은 생선을 주는 것이 좋습니다. 갑각류 역시 먹일 수 있으나 간혹 알레르기 반응을 일으키는 경우가 있을 수 있으니 주의 깊게 관찰해주세요. 어패류는 충분히 익혀 먹여야 장염을 예방할 수 있습니다.

완료기 📅 일주일 식단

식단을 짤 때 참고할 수 있는 식단표입니다. 반드시 이 순서를 지킬 필요는 없어요. 구하기 쉽고 본인이 잘 사용하는 재료로 만들어주시면 됩니다.

	1일	2일	3일	4일	5일	6일	7일
아침	표고 시금치 덮밥	불고기 덮밥	잔멸치 미역밥	표고 새우진밥	달걀주먹밥	참치 유부초밥	치즈 고구마 채소 덮밥
점심	현미 소고기 채소밥	잔치국수	달걀 두부덮밥	참치 유부초밥	소고기 무조림밥	토마토 파스타	우엉김밥
저녁	새우 완자탕	멸치 옥수수 볶음밥	치즈 고구마 채소 덮밥	황태 버섯밥	닭칼국수	돼지고기 잡채밥	함박 스테이크

* 돌 이후에는 알레르기가 일어나는 경우가 드물기 때문에 특별히 알레르기 질환이 있지 않은 경우 매일 새로운 음식을 주시는 것도 무방합니다.

1 진밥

완료기부터는 진밥을 먹게 됩니다. 2배죽과 어른 밥의 중간 정도라고 보시면 되는데요.
진밥 짓는 법을 알아볼까요?

재료

- 쌀 60g 또는 불린 쌀 80g □ 물 160㎖

만드는 법

1. 쌀은 깨끗이 씻어 30분 이상 불려 사용해요.

2. 냄비에 불린 쌀과 물 160㎖를 부어 한소끔 끓여요.

3. 물이 끓어오르면 뚜껑을 닫고 약불로 줄여 5분 이상(물이 없어질 때까지) 끓여요.

4. 뚜껑을 열어 밥을 저어준 후 뚜껑을 닫아 약 5분간 뜸을 들여 완성해요.

2 표고 시금치덮밥

25분

표고버섯은 각종 비타민, 미네랄 및 단백질 등이 풍부하게 함유되어 있으면서도 칼로리는 낮아요.
시금치는 철분과 엽산이 많고 식이섬유가 풍부해서 빈혈 예방과 변비 해소에 좋답니다.
하지만 오래 두고 먹으면 질산염이 증가해 철분 흡수를 방해할 수 있으니 신선한 시금치로 요리하셔야 해요.

재료

- 진밥 80g   □ 표고버섯 30g   □ 시금치 20g

양념 재료
- 다진 파 1/2숟가락   □ 물 2숟가락
- 올리고당 또는 아가베시럽 1/2작은숟가락

만드는 법

1. 시금치는 손질하여 끓는 물에 넣어 1분간 데쳐요.

2. 표고버섯은 밑동을 제거하고 끓는 물에 넣어 1분간 데쳐요.

3. 표고버섯과 시금치는 물기를 제거하여 아이가 먹기 좋게 다져요.

4. 예열된 팬에 기름을 조금만 두르고 시금치와 표고버섯을 볶아요.

5. 시금치에 **양념재료**를 넣어 볶아요.

Tip - 간을 안 해도 아이가 잘 먹는다면 두 돌까지 간은 하지 않는 것이 좋아요. 만약 싱거워 잘 먹지 않는다면 간장을 조금만 넣어주세요.

6. 그릇에 진밥을 담고 볶아놓은 표고버섯과 시금치를 올려 덮밥을 완성해요.

3

불고기덮밥

부드러운 소고기 안심을 다져 갖가지 채소와 함께 볶아내고 진밥에 얹어
근사한 아기 덮밥을 만들어보세요. 단백질과 무기질이 풍부한 영양밥이랍니다.

재료

- 진밥 80g
- 소고기 안심 50g
- 양파 10g
- 당근 10g
- 애호박 10g

양념 재료
- 올리고당 1작은술가락
- 다진 마늘 1/2작은술가락
- 참기름 1작은술가락

만드는 법

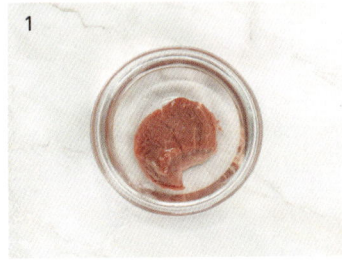

1. 소고기는 20분간 찬물에 담가 핏물을 빼요.

2. 양파, 애호박, 당근, 핏물 뺀 소고기는 아이가 먹기 좋게 다져요.

3. 소고기를 **양념 재료**에 버무려 밑간을 해요.

Tip - 싱거워 잘 안 먹는다면 간장을 조금만 넣으세요.

4. 예열된 팬에 기름을 조금 두르고 당근, 양파, 애호박 순서로 볶아요.

5. 양파가 익으면 소고기를 넣어서 익혀요.

6. 그릇에 밥을 담고 불고기를 올려 덮밥을 완성해요.

4 달걀 두부덮밥

돌이 지나면 달걀 흰자까지 먹일 수 있어요.
매일 여러 가지 영양소를 균형 있게 섭취할 수 있도록 신경써주세요.

재료

☐ 진밥 80g ☐ 달걀 1개 ☐ 두부 50g ☐ 당근 10g ☐ 양파 10g

 **만드는 법**

당근은 작게 다져요.

양파는 작게 다져요.

달걀 1개는 풀어서 준비해요.

두부는 포크를 이용해 입자가 있게 으깨서 준비해요.

팬에 당근, 양파를 넣고 물을 약간 부어 볶아가며 채소를 익혀요.

채소가 익으면 기름을 조금 넣고 달걀, 두부를 넣어 볶아요.

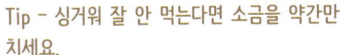

Tip - 싱거워 잘 안 먹는다면 소금을 약간만 치세요.

그릇에 밥을 담고 달걀 두부볶음을 올려 완성해요.

5

치즈 고구마 채소덮밥

30분

돌이 지나면 어른 음식을 제법 잘 먹게 됩니다. 이때 양념을 아기에 맞기 잘 조절하는 게 중요한데요.
김치나 된장같이 간이 많이 되어 있는 음식은 피하고 담백한 음식부터 시작해보세요.
채소볶음에 우유로 부드러움을 더하고 치즈를 넣어 풍미까지 넘치는 치즈 고구마 채소덮밥을 만들어볼까요?

재료

- 진밥 80g
- 고구마 50g
- 당근 10g
- 애호박 10g
- 양파 10g
- 물 3숟가락
- 우유 3숟가락
- 아기 치즈 1/2장

만드는 법

1. 당근은 5mm 크기로 썰어요.

2. 고구마는 껍질을 벗기고 5mm 크기로 썰어요.

3. 썰어놓은 고구마를 찬물에 잠시 담가놓아요.

4. 양파는 5mm 크기로 썰어요.

5. 애호박은 5mm 크기로 썰어요.

6. 예열된 팬에 기름을 조금 두르고 고구마, 당근, 애호박, 양파 순서로 볶아요.

7. 양파가 익으면 물과 우유를 넣어 끓여요.

8. 자작해지면 치즈를 넣어 녹여요.

9. 그릇에 밥을 담은 후 8을 곁들여 완성해요.

6 현미 소고기채소밥

30분

현미는 비교적 단단한 잡곡이라 충분히 불려 사용하는 것이 좋아요.
벼에서 왕겨만 제거한 것이 현미인데요. 식이섬유가 풍부해 변비에도 좋답니다.

재료

- 불린 쌀 60g
- 불린 현미 20g
- 소고기 30g
- 양파 10g
- 애호박 10g
- 당근 10g
- 참기름 1작은숟가락
- 물(육수) 200㎖

만드는 법

1. 쌀은 미리 30분 이상 불려요.

2. 현미는 미리 3시간 이상 불려요.

3. 소고기는 20분 정도 찬물에 담가 핏물을 빼요.

4. 양파, 애호박, 당근은 잘게 다져요.

5. 핏물 뺀 소고기는 잘게 다져 참기름을 넣고 버무려요.
Tip - 싱거워 잘 안 먹는다면 소금을 약간 넣어요.

6. 냄비에 준비한 재료들을 넣고 물 또는 육수를 붓고 센 불에서 끓여요.

7. 끓어오르면 약불로 줄이고 뚜껑을 닫아 10분간 끓여요.

8. 불을 끄고 5분 이상 뜸을 들여 완성해요.

7 황태 버섯밥

갖은 야채를 넣고 황태로 감칠맛을 냈어요. 느타리버섯은 풍미를 더 높여준답니다.
푸짐하게 만들어 어른들도 함께 먹으면 좋아요.

재료

- 불린 쌀 80g
- 불린 황태채 20g
- 느타리버섯 20g
- 당근 10g
- 감자 10g
- 참기름 1작은숟가락
- 다진 마늘 1/2작은숟가락
- 물(육수) 150㎖

만드는 법

1. 황태는 물에 한 번 헹궈 물기를 짜서 아이가 먹기 좋게 잘라요.

2. 자른 황태는 참기름 1작은숟가락, 다진 마늘 1/2작은숟가락을 넣고 버무려요.

3. 버섯은 결대로 찢어 준비해요.

4. 당근과 감자는 아이가 먹기 좋게 썰어요.

5. 냄비에 쌀, 물, 황태채, 느타리버섯, 감자, 당근을 넣어 센 불로 끓여요.

6. 끓어오르면 약불로 줄이고 뚜껑을 닫아 10분 정도 끓여요.

7. 불을 끄고 5분 이상 뜸을 들여요.

Tip - 싱거워 잘 안 먹는다면 소금을 약간 넣어요.

8 표고 새우진밥

30분

새우는 칼슘과 타우린이 많이 함유되어 있어 아기 성장에 좋답니다.
특히 감칠맛을 내주어 이유식 맛이 좋아져요.

재료

- 새우 30g
- 표고버섯 20g
- 당근 10g
- 불린 쌀 80g
- 물(육수) 160㎖

만드는 법

1. 새우는 손질하여 끓는 물에 넣어 약 1분간 삶아내요.

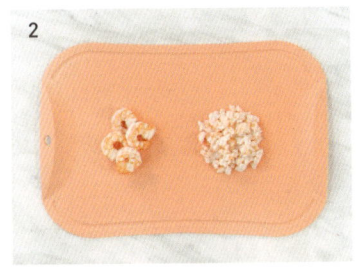

2. 새우를 아이가 먹기 좋게 다져요.

3. 표고는 기둥을 제거해요. 표고와 당근을 아이가 먹기 좋게 다져요.

4. 냄비에 쌀, 새우, 표고버섯, 당근, 물 160㎖를 넣어요.

5. 끓어오르면 약불로 줄이고 뚜껑을 닫아 5분 정도 끓여요.

6. 뚜껑을 열고 잘 저은 후 뚜껑을 닫아 2분 이상 뜸을 들여 완성해요.

9 치즈 닭고기 가지 양파 밥

30분

양파는 중기부터 사용할 수 있어요.
칼슘이 많아 성장에 도움이 되고 감기 및 염증 완화에도 좋답니다.
양파는 익히는 정도에 따라 당도가 상당히 올라가서 입맛이 없어 잘 안 먹는 아이에게
도움이 되는 재료입니다.

재료

- 닭고기 안심(또는 닭가슴살) 45g
- 가지 20g
- 양파 20g
- 아기치즈 1/2장
- 불린 쌀 80g
- 물 160㎖

만드는 법

1. 닭고기 안심은 힘줄을 제거하고 끓는 물에 3분 이상 익혀요.

2. 삶은 닭고기는 잘게 다져 주세요.

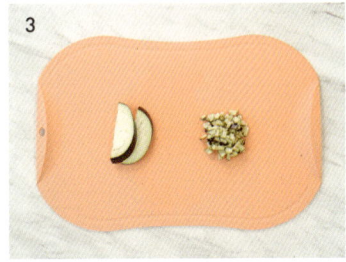

3. 가지는 씨를 제거하고 5mm 크기로 다져요.

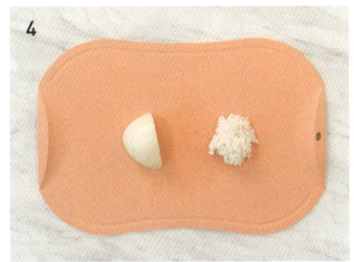

4. 양파는 아이가 먹기 좋게 다져요.

5. 냄비에 쌀, 닭고기, 가지, 양파, 물 160㎖를 넣어 저어가며 끓여요.

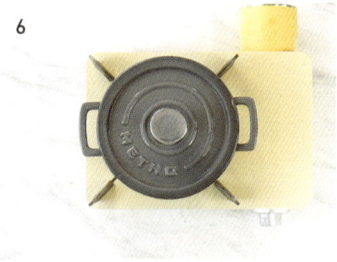

6. 끓어오르면 약불로 줄이고 뚜껑을 닫아 5분 정도 끓여요.

7. 뚜껑을 열고 2분 정도 더 끓인 다음 아기치즈를 넣어 치즈가 녹을 때까지 끓여 완성해요.

10 잔멸치 미역밥

멸치는 단백질과 칼슘이 풍부하여 아기의 성장과 발육에 도움이 되지만
염분이 많기 때문에 물에 담궈 염분을 완전히 뺀 후에 사용해야 합니다.
칼슘 섭취를 위해서는 우려낸 국물이 아닌 멸치 그 자체를 갈아서 사용해주세요.

재료

- 불린 쌀 80g
- 물 160㎖
- 잔멸치 10g
- 표고버섯 10g
- 미역 2g
- 참기름 1/2작은숟가락

만드는 법

1. 잔멸치는 물에 담가 짠기를 뺀 후 체에 밭쳐 흐르는 물에 씻고 물기를 빼요.

   Tip - 멸치는 짠맛을 가지고 있어 미리 물에 30분간 담가놓아요.

2. 물기를 뺀 잔멸치는 잘게 다져요.

3. 미역은 물에 담가 10분 정도 불려요.

4. 불린 미역은 흐르는 물에 씻은 후 물기를 제거하고 잘게 썰어요.

5. 표고버섯은 밑동을 제거하고 아이가 먹기 좋게 썰어요.

6. 냄비에 잔멸치와 표고버섯을 넣고 볶다가 미역, 참기름을 넣고 볶아요.

7. 6에 물 160㎖와 불린 쌀을 넣고 센 불에서 끓여요.

8. 끓어오르면 5분 정도 끓이다가 약불로 줄이고 10분 정도 뜸을 들여 완성해요.

11

달걀주먹밥

30분

완료기 이유식 메뉴가 고민될 때 후다닥 만들 수 있는 주먹밥이에요.
무른밥만 먹던 아기에게 손으로 집어먹을 수 있는 주먹밥을 만들어주면
재미를 느끼며 먹을 수 있답니다. 특히 외출할 때 아기 도시락으로 만들면 좋아요.

재료

- ☐ 진밥 80g ☐ 당근 10g ☐ 애호박 10g ☐ 양파 10g
- ☐ 달걀 1개

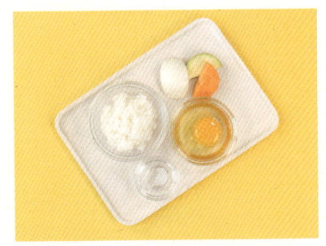

만드는 법

1. 당근, 애호박, 양파는 잘게 다져서 준비해요.

2. 달걀은 거품기로 풀고 체에 한 번 걸러 준비해요.

3. 예열된 팬에 기름을 조금 두른 다음 당근, 양파, 애호박 순서로 넣어 볶아요.

4. 양파가 익으면 밥을 넣어 볶아요.

Tip - 싱거워 잘 안 먹는다면 소금을 약간 넣어요.

5. 밥이 한 김 식으면 동그랗게 뭉쳐 한 입 크기로 만들어요.

6. 예열된 팬에 달걀물을 한 숟가락씩 올리고 지단을 부쳐요.

7. 지단이 살짝 익으면 주먹밥을 올리고 말아 완성해요.

12

우엉김밥

30분

우엉은 아삭거리는 독특한 식감과 특유의 향이 있어
처음 먹는 아기는 낯설게 느껴져 거부할 수 있어요. 처음에는 김밥에 소량만 넣어 먹여보는 것도 괜찮습니다.
우엉은 식이섬유가 풍부하여 변비 완화에 도움이 된답니다.

재료

우엉조림
- 우엉 100g
- 식초 3숟가락
- 물 3숟가락
- 참기름 1숟가락
- 아가베시럽 또는 올리고당 1숟가락

김밥
- 달걀 1개
- 밥 80g
- 김밥 김 1/2장
- 참기름 1/4숟가락

만드는 법

1. 우엉은 채 썰어 우엉이 잠길 정도의 물에 식초 3숟가락을 넣어 30분 담가둬요.

Tip - 우엉을 식초물에 담가두면 떫은 맛이 없어지고 갈변이 방지돼요.

2. 물기를 뺀 우엉과 물, 참기름을 넣고 센 불에 팔팔 끓이다가 약불로 줄여 수분이 날아갈 때까지 조려요.

Tip - 싱거워 잘 먹지 않는다면 간장을 약간 넣어주세요.

3. 수분이 약간 남아있을 때 아가베시럽 1숟가락을 넣고 윤기 나게 조린 후 불을 꺼요.

4. 달걀은 잘 풀어 팬에 얇게 부쳐요.

5. 얇게 부친 달걀은 한 김 식힌 후 채 썰어요.

6. 밥에 참기름을 넣고 섞어요.

7. 김에 밥을 깔고 조린 우엉과 달걀을 얹고 돌돌 말아요.

8. 먹기 좋은 크기로 잘라 완성해요.

13 참치 유부초밥

외출할 때는 아기를 위해 유부초밥을 만들면 간편한데요. 완료기에는 참치를 시작해볼 수 있으니 참치 유부초밥을 만들어볼까요? 참치의 불포화지방산인 DHA는 아기의 두뇌발달에 좋답니다. 하지만 기름기를 빼주셔야 한다는 점, 꼭 기억해주세요. 참치는 깊은 바다에 서식하는 대형 어류로 작은 생선들에 비해 수은 함량이 다소 높을 수 있습니다. 특히 횟감용 참다랑어는 크기가 크고 오래 살기 때문에 수은 함량이 더 높을 수 있으니 피해주세요. 통조림에 사용되는 가다랑어는 보통 2~4년생의 작은 생선을 사용하기 때문에 비교적 안전하며 일주일에 25g 이하 섭취를 권장합니다.

재료

- 진밥 80g
- 유부 3개
- 참치 20g
- 애호박 10g
- 주황 파프리카 10g
- 빨간 파프리카 10g
- 참기름 1/4숟가락

만드는 법

1. 유부는 끓는 물에 5분 정도 데친 후 체에 받쳐 물기를 빼요.

2. 데친 유부는 식힌 후 반으로 썰어요.

3. 참치는 체에 받쳐 기름기를 빼요.

4. 파프리카는 아이가 먹기 좋게 썰어요.

5. 애호박은 아이가 먹기 좋게 썰어요.

6. 달군 팬에 기름을 살짝 두르고 파프리카와 애호박을 볶은 후 접시에 옮겨 식혀요.

7. 볼에 밥과 참치, 볶은 채소, 참기름을 넣고 섞어요.

8. 유부에 밥을 채워 완성해요.

14 잔치국수

30분

겨울엔 특식으로 따뜻한 잔치국수를 만들어보세요.
밀가루 음식인 국수는 알레르기가 있는 아이들에게 조심스러울 수밖에 없는데요.
조금씩 먹여보며 지켜봐주세요.

재료

- 다시마(5cm×5cm) 2장 □ 멸치 2마리 □ 양파 10g
- 애호박 10g □ 당근 10g □ 간장 1/2숟가락 □ 소면 30g
- 물 300㎖

 **만드는 법**

1. 물(300㎖)에 다시마, 멸치를 넣고 약 10분간 끓여 육수를 만들어요.

2. 육수가 만들어지는 동안 양파, 애호박, 당근은 채 썰어 준비해요.

3. 육수가 완성되면 건더기를 건지고 양파, 애호박, 당근을 넣어 한소끔 끓여요.

4. 끓어오르면 간장으로 간을 해서 육수를 완성해요.

Tip - 간을 안 해도 아이가 잘 먹는다면 생략해주세요.

5. 다른 냄비에 물을 끓여 소면을 넣고 10분 동안 삶아요.

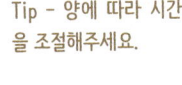

Tip - 양에 따라 시간을 조절해주세요.

6. 삶아놓은 면은 찬물에 깨끗하게 헹구어 전분기를 제거해요.

7. 그릇에 면을 담고 육수를 부어 완성해요.

15

닭칼국수

30분

닭가슴살로 담백하게 육수를 만들어 아기들이 먹기에도 부담 없는 칼국수입니다.
칼국수는 가급적 나트륨 함량이 적은 제품으로 구매해주세요.

재료

- 닭가슴살 60g
- 양파 10g
- 애호박 10g
- 당근 10g
- 칼국수 면 30g
- 달걀 1/2개
- 물 300㎖

만드는 법

1. 냄비에 물(300㎖)을 넣고 닭가슴살을 넣어 한소끔 끓어오르면 중약불로 줄이고 5분 이상 끓여요.
Tip - 중간중간 거품을 걷어내요.

2. 닭가슴살은 건지고 육수는 따로 담아두어요.

3. 익은 닭가슴살은 결대로 찢어서 준비해요.

4. 양파, 당근, 애호박은 얇게 채 썰어 준비해요.

5. 달걀은 풀어 체에 한 번 걸러서 준비해요.

6. 칼국수 면은 찬물에 헹구어 밀가루를 제거하고 가위로 5cm 길이로 잘라요.

7. 냄비에 닭육수와 양파, 당근, 애호박을 넣고 한소끔 끓여요.

8. 끓어오르면 칼국수 면을 넣어요.
Tip - 싱거워 잘 안 먹는다면 소금을 약간 넣어주세요.

9. 5분 정도 끓인 후 달걀을 넣고 한소끔 끓여 완성해요.

16

멸치 옥수수볶음밥

40분

멸치는 짠 맛이 많이 날 수 있기 때문에 사용하기 전에 물에 담구어 짠기를 빼고 사용해주시면 된답니다.
칼슘이 풍부한 멸치로 감칠맛을 낸 멸치 옥수수볶음밥은 비교적 간단하게 만들 수 있어요.
잔멸치를 넣으면 간을 하지 않아도 돼요.

재료

- ☐ 진밥 80g ☐ 잔멸치 10g ☐ 옥수수 20g ☐ 당근 10g
- ☐ 양파 10g ☐ 브로콜리 10g ☐ 참기름 1/4숟가락

만드는 법

1. 옥수수는 김이 오른 찜기에 올려서 15분 정도 쪄요.

2. 찐 옥수수는 알맹이만 분리해요.

3. 잔멸치는 물에 담가 짠기를 뺀 후 체에 받쳐 흐르는 물에 씻고 물기를 빼서 잘게 다져요.

4. 브로콜리는 작게 잘라 끓는 물에 살짝 데쳐내요.

5. 당근은 아이가 먹기 좋게 다져요.

6. 양파는 아이가 먹기 좋게 다져요.

7. 달군 팬에 멸치를 넣고 볶아요.

8. 옥수수, 당근, 양파, 브로콜리, 참기름을 넣고 볶아요.

9. 밥을 넣고 볶아 완성해요.

17

토마토 달걀볶음밥

30분

토마토는 각종 비타민과 라이코펜, 베타카로틴 등 항산화 물질이 많은 수퍼푸드예요.
잘 익을수록 건강에 좋으니 완전히 빨갛게 익은 토마토를 사용하면 좋답니다.
껍질이 잘못 목에 붙으면 사레 들릴 수 있으니 끓는 물에 살짝 데쳐서 찬물에서
껍질을 벗긴 후 사용하면 보다 안전합니다.

재료

- 진밥 80g ☐ 달걀 1개 ☐ 토마토 30g ☐ 애호박 10g
- 양파 10g ☐ 식물성 기름 약간

만드는 법

1. 토마토는 십자 모양으로 살짝 칼집을 낸 후 끓는 물에 30초 정도 데쳐 껍질을 벗겨요.

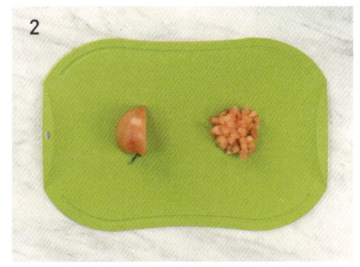

2. 껍질을 벗긴 토마토는 속을 제거하고 과육만 아이가 먹기 좋게 다져요.

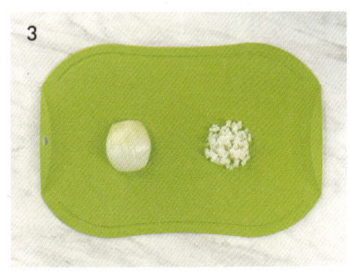

3. 양파는 깨끗이 씻은 후 아이가 먹기 좋게 다져요.

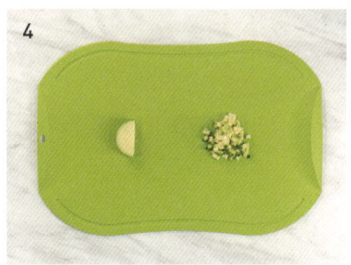

4. 애호박은 아이가 먹기 좋게 다져요.

5. 달걀은 잘 풀어요.

6. 달군 팬에 기름을 두르고 달걀물을 부어 젓가락으로 저으며 익혀요.

7. 다른 팬에 기름을 살짝 두른 후 양파, 토마토, 애호박을 넣고 볶아요.

8. 7에 밥과 익힌 달걀을 넣고 볶아 완성해요.

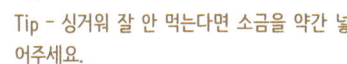

Tip - 싱거워 잘 안 먹는다면 소금을 약간 넣어주세요.

18

소고기 무조림밥

30분

소고기에 무를 넣어 시원한 맛이 일품인 조림밥이에요. 무는 천연소화제라고 불릴 정도로
소화를 돕는 채소인데요. 기침을 멎게 하고 설사를 멈추는 데도 도움을 준답니다.

재료

☐ 진밥 80g ☐ 소고기 안심 50g ☐ 무 30g ☐ 당근 20g ☐ 참기름 약간

양념장 재료

☐ 간장 1/2숟가락 ☐ 물 3숟가락 ☐ 다진 파 1/2숟가락
☐ 아가베시럽 1작은숟가락

Tip - 간을 안 해도 아기가 잘 먹는다면 간장은 생략해주세요.

만드는 법

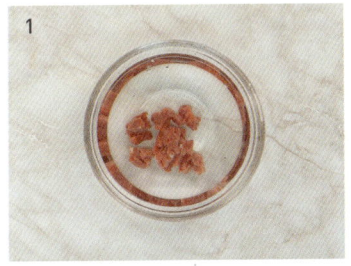

1. 소고기는 한입 크기로 썰고 찬물에 20분 정도 담가 핏물을 빼요.

2. 무는 껍질을 벗기고 1cm 크기로 나박썰기 해요.

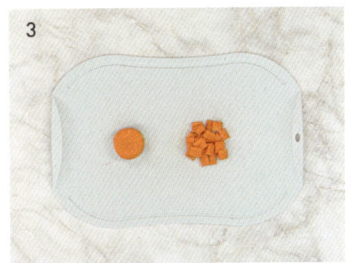

3. 당근은 껍질을 벗기고 1cm 크기로 나박썰기 해요.

4. 팬에 기름을 살짝 두르고 소고기, 무, 당근을 넣고 센 불에 볶아요.

5. 무가 투명하게 익으면 양념장을 넣고 5분 정도 조려요.

6. 수분이 약간 남아있을 정도까지 조려지면 불을 끄고 참기름, 진밥을 넣고 비벼 완성해요.

19

돼지고기 잡채밥

30분

돼지고기는 비교적 기름기가 많은 편이기 때문에 초기부터 중기까지는 소고기와 닭고기 위주로 사용해주세요.
후기부터 돼지고기의 기름기가 적은 부위를 먹이기 시작하면 됩니다.

재료

- ☐ 진밥 80g ☐ 돼지고기 안심 50g ☐ 당면 40g ☐ 표고버섯 10g
- ☐ 당근 10g ☐ 양파 10g

양념 재료
- ☐ 물 1숟가락 ☐ 아가베시럽 1/2숟가락
- ☐ 다진 파 1작은숟가락 ☐ 참기름 1/2작은숟가락

만드는 법

1. 당면은 찬물에 20분 정도 불린 후 끓는 물에 넣고 데쳐요.

2. 데친 당면은 물기를 제거하고 3cm 길이로 잘라요.

3. 돼지고기 안심은 얇게 채 썰어요.

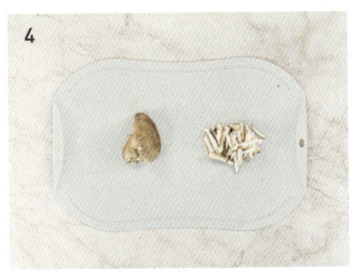

4. 표고버섯은 밑동을 제거하고 얇게 채 썰어요.

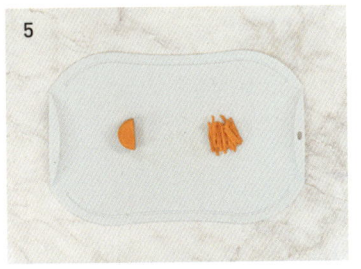

5. 당근은 껍질을 제거하고 얇게 채 썰어요.

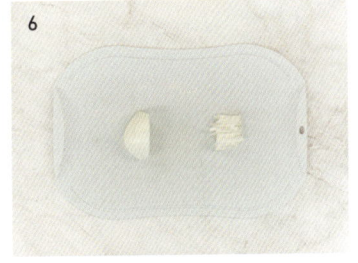

6. 양파는 얇게 채 썰어요.

7. 달군 팬에 기름을 두르고 돼지고기를 넣고 볶아요.

8. 고기가 익으면 표고버섯, 당근, 양파와 **양념 재료**를 넣고 볶아요.

Tip - 싱거워 잘 안 먹는다면 간장을 약간 넣어주세요.

9. 당면을 넣고 1분 정도 볶은 뒤 밥과 함께 곁들여 완성해요.

20 채소비빔밥

어른들이 비빔밥을 먹을 때 아이의 비빔밥도 함께 만들어보세요. 갖은 채소를 다양하게 넣은 비빔밥은 어른에게도 아이에게도 영양만점의 메뉴이지요.

재료

- ☐ 진밥 80g ☐ 무 10g ☐ 애호박 20g ☐ 당근 10g
- ☐ 표고버섯 10g ☐ 물 3숟가락 ☐ 참기름 1/2작은숟가락

만드는 법

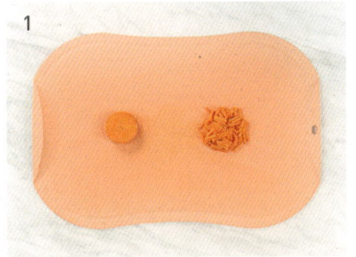

1. 당근은 껍질을 벗기고 채 썰어요.

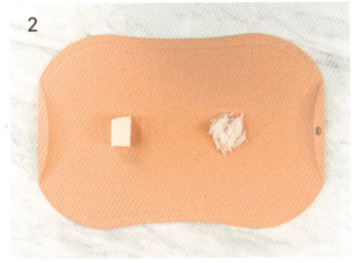

2. 무는 껍질을 벗기고 채 썰어요.

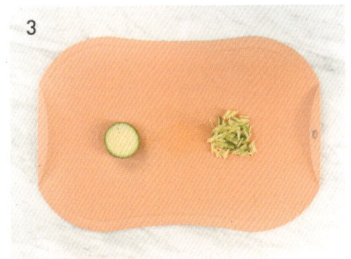

3. 애호박은 깨끗이 씻은 후 채 썰어요.

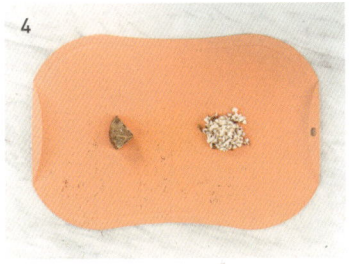

4. 표고는 밑둥을 제거하고 채 썰어요.

5. 팬에 손질한 채소를 기름 없이 센 불에서 살짝 볶아요.

6. 물 3숟가락을 넣고 중불에서 10분 정도 끓여요.

Tip - 싱거워 잘 먹지 않는다면 간장을 약간만 넣어주세요.

7. 채소가 익으면 참기름과 진밥을 넣고 비벼 완성해요.

21 콩나물 소고기국밥

소고기 안심으로 담백하게 육수를 내고 콩나물을 넣어 시원한 맛이 일품인 국밥이에요.
콩나물은 비타민 C와 섬유질, 아스파라긴산이 풍부한 채소랍니다.

재료

- ☐ 진밥 80g ☐ 소고기 안심 50g ☐ 콩나물 30g ☐ 물 300㎖

양념 재료
- ☐ 다진 파 1작은숟가락 ☐ 참기름 1/2작은숟가락

만드는 법

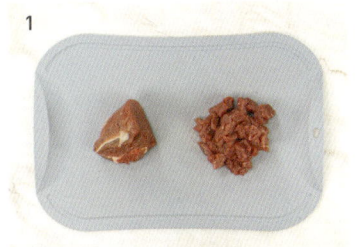

1. 소고기는 한입 크기로 썰어요.

2. 소고기는 찬물에 20분 정도 담가 핏물을 제거해요.

3. 소고기 **양념 재료**를 넣고 버무려요.

Tip - 싱거워 잘 먹지 않는다면 간장을 약간만 넣어주세요.

4. 콩나물은 꼬리를 제거하고 2cm 길이로 썰어요.

5. 냄비에 양념한 소고기를 넣고 고기가 익을 때까지 볶아요.

6. 5에 물 300㎖와 콩나물을 넣고 거품을 걷어내며 5~10분 정도 끓여요.

7. 밥을 넣고 끓여 완성해요.

22

새우완자탕

동글동글 아기 완자를 넣어 탕을 만들었어요. 새우를 넣어 완자를 빚으면 간을 아주 조금만 해도 감칠맛 있는 특식이 된답니다. 완자는 충분히 만들어 냉동시켜 놓고 필요할 때마다 꺼내어 익혀 먹으면 되어 편리해요.

재료

- 새우 80g
- 표고버섯 1개
- 양파 10g
- 전분 1/2숟가락
- 달걀 흰자 1숟가락
- 참기름 1/2작은숟가락
- 멸치다시마육수 300㎖

만드는 법

1. 물에 다시마 1장, 멸치 2마리를 넣고 10분 정도 끓여 육수를 만들어요.

Tip - 다시마는 중간에 건져요.

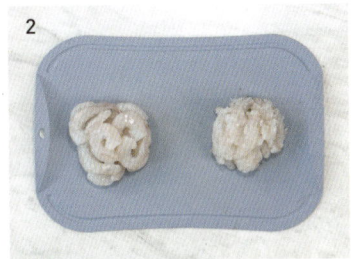

2. 새우는 물기를 제거하고 잘게 다져요.

3. 표고버섯과 양파는 아이가 먹기 좋게 다져요.

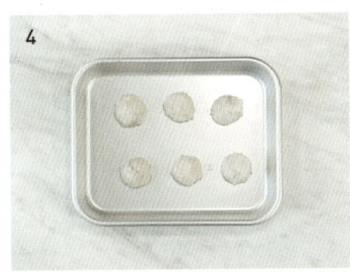

4. 다진 새우는 전분, 달걀 흰자, 참기름을 넣고 버무려 동그랗게 빚어요.

5. 냄비에 육수를 넣고 표고버섯과 양파를 넣어 한소끔 끓여요.

6. 끓어오르면 새우완자를 넣어요.

Tip - 싱거워 잘 먹지 않는다면 간장을 약간만 넣어주세요.

23

토마토파스타

30분

방울토마토와 올리브유로 파스타를 만들어보았어요. 토마토는 각종 비타민과 라이코펜, 베타카로틴 등 항산화 물질이 많은 수퍼푸드랍니다. 게다가 대부분의 채소는 익혀 먹으면 영양소가 파괴되지만 토마토는 오히려 높아지지요.
특히 기름에 익히면 라이코펜과 지용성비타민의 흡수가 더 잘 됩니다.

재료

- 파스타 30g
- 방울토마토 6개
- 후추 약간
- 다진 마늘 1작은숟가락
- 양파 30g
- 올리브유 1숟가락
- 케첩 1숟가락

 **만드는 법**

1

방울토마토는 4등분 해요.

2

양파는 다져요.

3

냄비에 물이 끓어오르면 파스타면을 넣어 10분 정도 삶아내요.

4

예열된 팬에 올리브유를 두르고 다진 마늘, 양파를 넣어 볶아요.

5

양파가 익으면 방울토마토를 넣어 볶아요.

6

익은 파스타 면을 넣고 후추, 케첩으로 간을 한 다음 볶아서 완성해요.

Tip - 면수를 약간 넣어 농도를 맞추세요. 싱거워 잘 먹지 않는다면 소금을 약간만 넣어 주세요.

24 닭고기 치즈리소토

가끔은 리소토, 주먹밥, 덮밥, 국수 등 특식을 만들어주세요.
다양한 질감과 식감으로 아이의 입맛을 살려준답니다. 완료기는 어른의 밥과 닮아 있는
메뉴들에 점점 익숙해지는 시기입니다.

재료

- 불린 쌀 70g
- 닭고기 안심 50g
- 시금치 10g
- 파프리카 10g
- 양파 10g
- 다진 마늘 1/2작은숟가락
- 우유 50㎖
- 아기치즈 1/2장
- 후추 약간

만드는 법

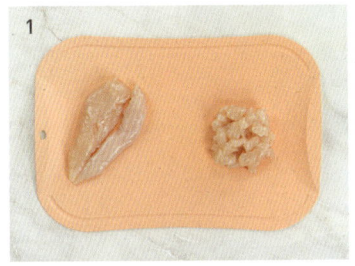

1. 닭고기 안심은 손질하여 5mm 크기로 다져서 준비해요.

2. 양파, 파프리카는 작게 다져요.

3. 시금치를 작게 다져요.

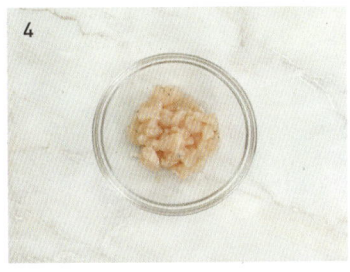

4. 다져놓은 닭고기 안심에 후추를 뿌려 밑간해요.

5. 예열된 팬에 기름을 조금 두르고 다진 마늘, 다진 양파를 넣어 볶아요.

6. 불린 쌀을 넣어 투명해질 때까지 볶아요.

7. 쌀이 투명해지면 닭고기 안심, 파프리카, 시금치를 넣고 살짝 볶은 후 우유를 넣고 익혀요.

8. 쌀이 퍼져 익으면 치즈를 넣고 녹여서 완성해요.

25

햄박스테이크

30분

한입 크기로 빚은 아기 햄박스테이크예요.
아이가 기름에 구운 고기를 씹는 재미에 푹 빠질 수도 있답니다.

재료

- 돼지고기 안심(다짐육) 50g
- 소고기 안심(다짐육) 50g
- 양파 10g
- 당근 10g
- 달걀 노른자 1개
- 빵가루 1숟가락
- 후추 약간

만드는 법

1. 소고기와 돼지고기 다짐육은 후추를 뿌려 밑간해요.

Tip - 싱거워 잘 안 먹는다면 소금을 약간만 뿌려주세요.

2. 당근, 양파는 곱게 다져요.

3. 밑간한 고기에 다져놓은 당근, 양파, 달걀 노른자, 빵가루를 넣어 치대며 반죽해요.

4. 한입 크기로 동그랗게 빚어요.

5. 예열된 팬에 기름을 조금 두르고 중약불에 앞뒤로 노릇하게 익혀 완성해요.

26

밥솥 칸막이 이유식
연두부밥 · 닭안심 영양밥

50분

두 가지 영양밥을 동시에 만들어볼까요? 한 번에 세 가지를 할 수 있게 하는 칸막이는 바쁜 엄마들에게 아주 유용한 도구예요. 다양한 재료로 2~3가지 이유식을 동시에 만들면 아기가 더욱 균형 잡힌 영양소를 섭취할 수 있겠지요?

재료

연두부밥 재료
- ☐ 불린 쌀 50g ☐ 불린 현미 20g ☐ 소고기 안심(다짐육) 30g
- ☐ 연두부 30g ☐ 시금치 10g ☐ 물(육수) 100㎖

닭안심 영양밥 재료
- ☐ 불린 쌀 50g ☐ 불린 현미 20g ☐ 닭고기 안심 30g
- ☐ 마른 대추 1/2개 ☐ 물(육수) 100㎖

연두부밥 재료   닭안심영양밥 재료

만드는 법

1. 현미는 5시간 이상 충분히 불려요.

2. 시금치는 잘게 썰어요.

3. 볼에 불린 쌀, 불린 현미, 다진 소고기, 연두부, 시금치를 넣고 섞어 연두부밥을 준비해요.

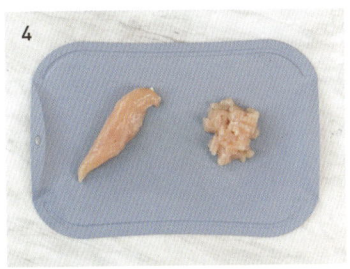

4. 닭고기는 한입 크기로 썰어요.

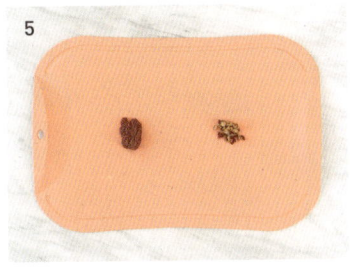

5. 마른 대추는 씨를 제거하고 잘게 잘라요.

6. 볼에 쌀, 현미, 닭고기, 대추를 넣고 섞어 닭안심 영양밥을 준비해요.

7. 압력솥에 칸막이를 넣고 칸별로 재료들을 넣은 후 물을 부어요.

8. 압력솥에 넣고 백미 기능으로 밥을 지어요.

Tip - 감자나 고구마를 넣고 함께 익혀도 좋아요.

완료기 간식

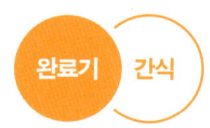

약식

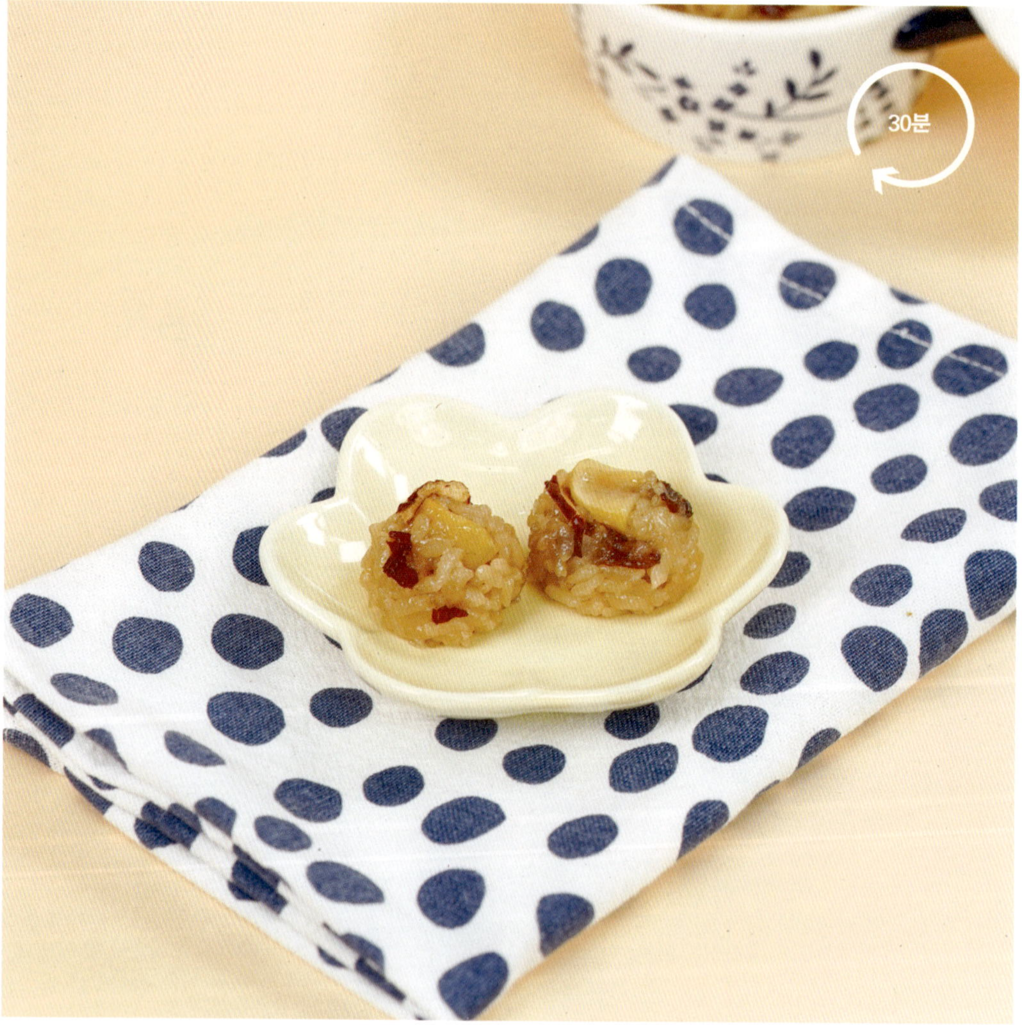

동글동글한 아기 약식은 핑거푸드로 좋아요.
찹쌀은 소화가 잘 되고 식감이 쫀득하지요. 계피향이 낯설게 느껴지겠지만
달콤한 대추와 건포도가 들어가 간식으로 그만입니다.

재료

- 찹쌀 1컵
- 밤 2개
- 대추 3개
- 건포도 10g
- 아가베시럽 또는 올리고당 2숟가락
- 참기름 1숟가락
- 계피가루 약간
- 물 200㎖

1 찹쌀은 깨끗이 씻어 4시간 물에 불린 후 체에 받쳐 물기를 빼요.

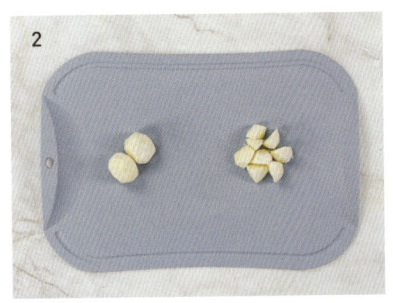

2 밤은 껍질을 벗겨 1cm 크기로 썰어요.

3 대추는 가운데 씨를 뺀 후 채 썰어요.

4 냄비에 불려둔 찹쌀, 밤, 대추, 건포도, 아가베시럽, 참기름, 계피가루를 넣고 섞은 뒤 물 200㎖를 넣고 끓여요.

Tip - 싱거워 잘 안 먹는다면 간장을 약간 넣어주세요.

5 끓어오르면 약불로 줄여 5분 정도 더 끓인 뒤 불을 끄고 뚜껑을 덮어 10분간 뜸을 들여요.

6 완성된 약밥을 한입 크기로 빚어 완성해요.

완료기 간식

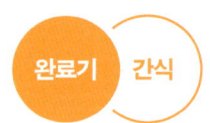

바나나 아보카도셰이크

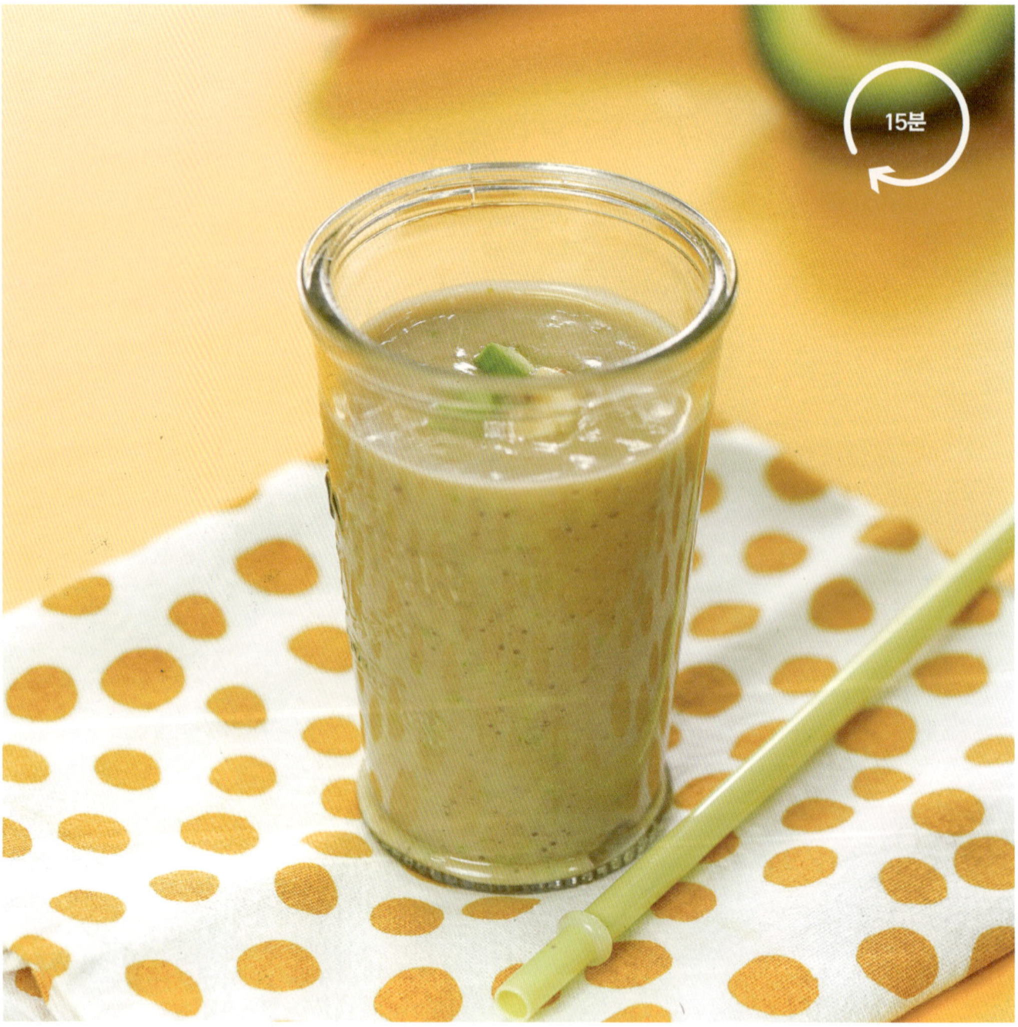

비타민과 미네랄이 풍부한 아보카도는 영양만점의 열대과일이에요.
과일 가운데 지방함량이 가장 높고 단백질과 탄수화물도 비교적 많이 들어있답니다.
특히 불포화지방산인 리놀산이 풍부해 뇌 활동에도 좋아요.

재료

☐ 바나나 1개
☐ 아보카도 1/4개
☐ 우유 100㎖

Tip - 이유식에 사용하는 바나나는 반점이 생긴 잘 익은 바나나를 사용해요.

바나나는 껍질을 벗기고 양쪽 끝은 잘라내요.

아보카도는 껍질을 벗기고 과육만 잘라내요.

바나나, 아보카도, 우유를 넣고 곱게 갈아요.

완료기 간식

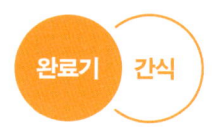

감자 요거트샐러드

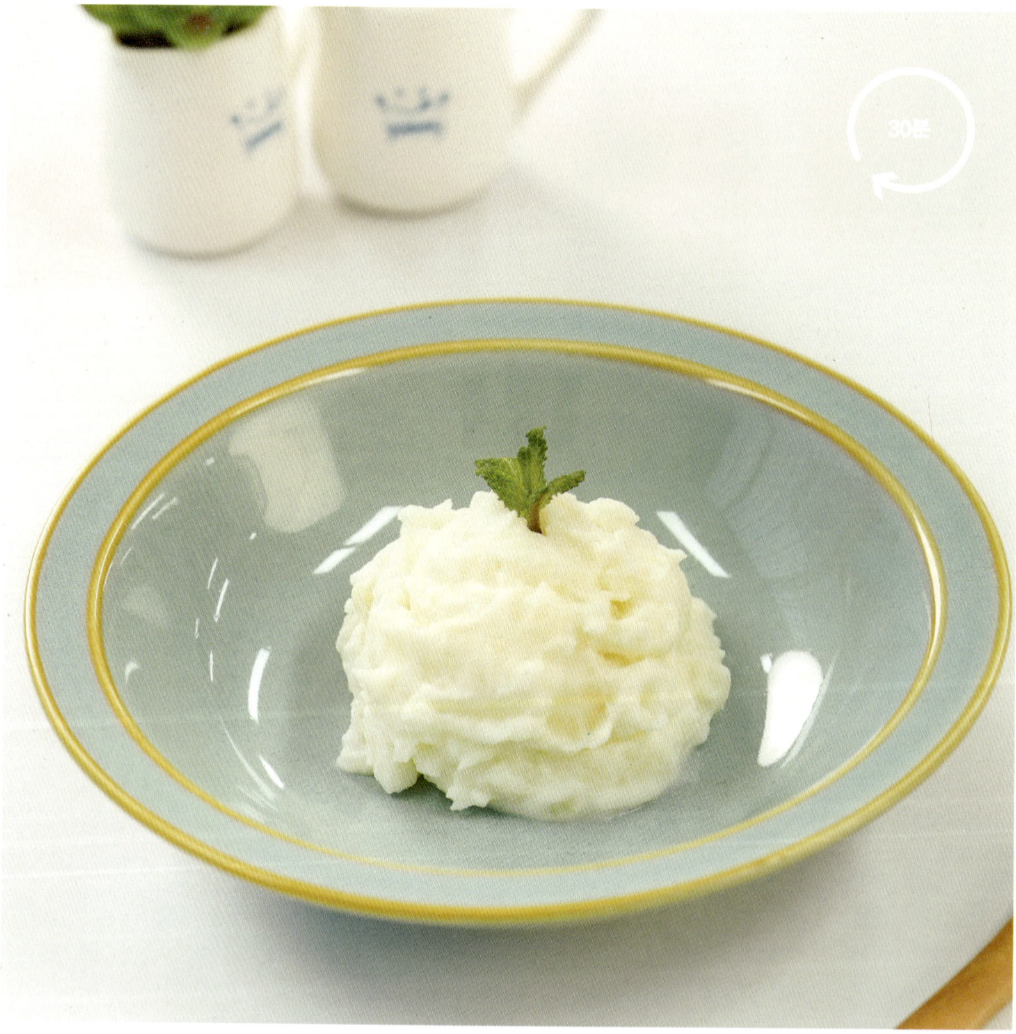

요거트를 먹일 때에는 성인용 플레인 요거트에도 당분이 상당히 많이
들어가 있기 때문에 아기용 무가당 요거트를 선택해주세요.
집에서 균종을 배양해 먹는 것은 자칫 오염될 가능성이 있어 추천하지 않습니다.

재료

- 감자 50g
- 아기용 무가당 요거트 2숟가락

감자는 손질하여 적당히 잘라 끓는 물에 넣어 삶아요.
Tip – 한 김 오른 찜기에 20분 정도 쪄도 좋아요.

감자는 매셔나 칼로 으깨요.

으깬 감자에 요거트를 넣은 다음 섞어 완성해요.
Tip – 첨가물이 들어가지 않은 아기용 무가당 요거트를 사용해요.

완료기 간식

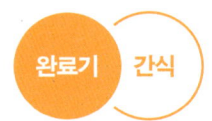

요거트샐러드

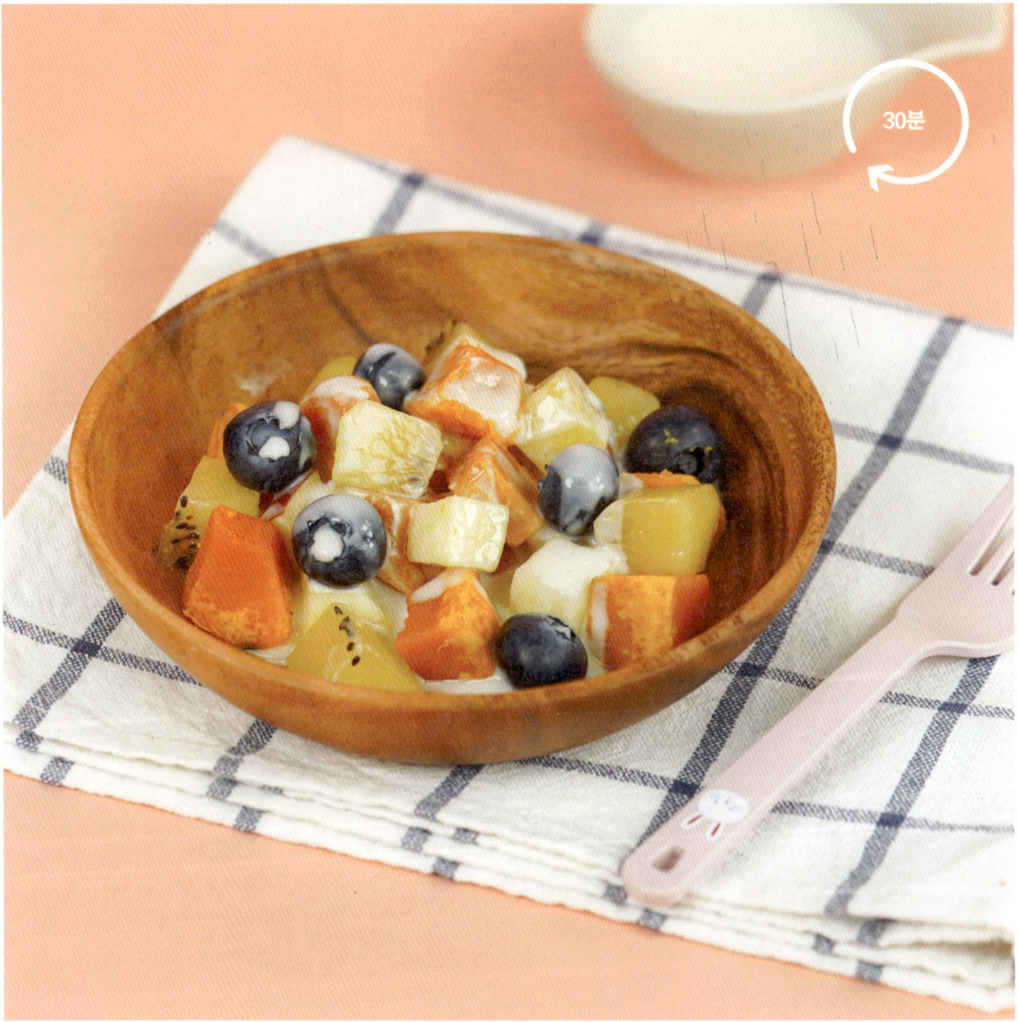

골드키위, 블루베리 등 갖가지 과일로 만든 새콤달콤 샐러드예요.
요거트 드레싱을 뿌려 장 건강까지 챙겨주는 간식이랍니다.

재료

- 사과 30g
- 골드키위 1/2개
- 블루베리 10알
- 단호박 30g

드레싱 재료
- 아가베시럽 1/2숟가락
- 아기용 무가당 요거트 1/2개

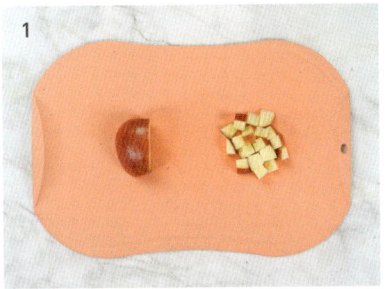

1. 사과는 깨끗이 씻어 씨 부분을 제거하고 1cm 크기로 썰어요.

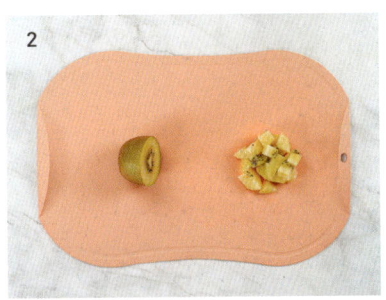

2. 골드키위는 깨끗이 씻어 껍질을 벗기고 1cm 크기로 썰어요.

3. 단호박은 깨끗이 씻어 껍질을 벗기고 1cm 크기로 썰어요.

4. 블루베리는 깨끗이 씻어 물기를 빼요.

5. 끓는 물에 단호박을 넣고 말캉하게 데친 후 식혀요.

6. 아가베시럽과 요거트를 잘 섞어요.

7. 그릇에 사과, 골드키위, 단호박, 블루베리를 담고 드레싱을 뿌려 완성해요.

완료기 간식

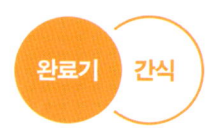

감자 치즈볼

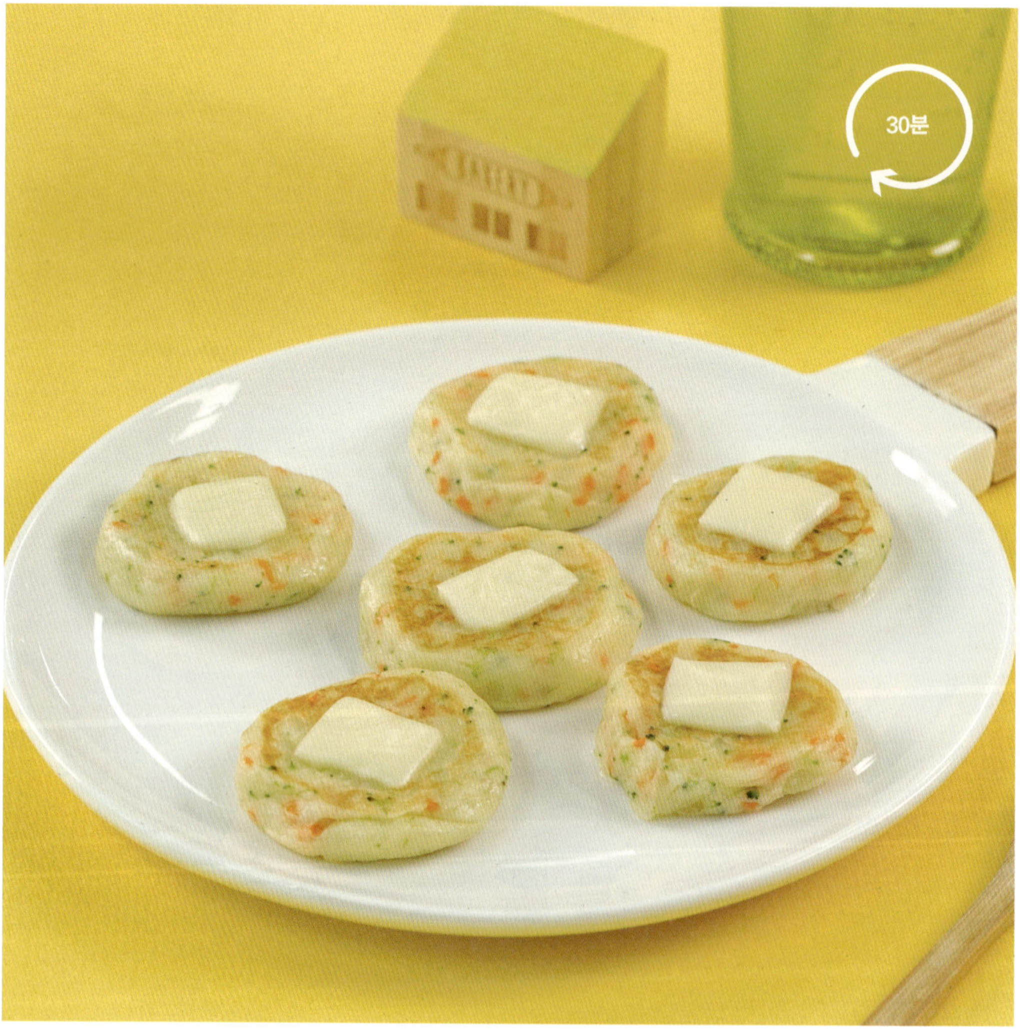

후기쯤 되면 아기들은 뭐든 손으로 잡으려고 하지요.
손의 소근육을 키우는 연습을 하기 좋은 시기이니 핑거푸드를 만들어주세요.
핑거푸드로 좋은 감자치즈볼 만드는 법을 알려드릴게요. 치즈를 올려 고소한 맛과 영양을 더했어요.
치즈는 나트륨 함량이 적은 아기치즈를 사용하세요.

재료

- 감자 2개(약 230g)
- 당근 10g
- 브로콜리 10g
- 달걀 노른자 1/2개
- 유기농 밀가루 1숟가락
- 아기치즈 1장

감자, 브로콜리, 당근은 한 김 오른 찜기에 넣어 20분 정도 쪄요.
Tip - 브로콜리, 당근은 찌기 시작한 지 3분 후에 꺼내요.

당근과 브로콜리는 5mm 크기로 다져요.

찐 감자는 껍질을 벗기고 도구를 이용해 으깨요.

으깬 감자에 다진 채소, 달걀노른자, 밀가루를 넣고 섞어요.

반죽을 동글납작하게 동그랑땡 모양으로 만들어요.

예열된 팬에 기름을 조금 두르고 감자볼을 앞뒤로 익혀요.

치즈를 감자볼 크기에 맞게 잘라요. 팬에 감자볼이 있을 때 치즈를 올리고 치즈를 녹여 완성해요.

완료기 간식

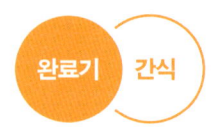

달걀 양파스프

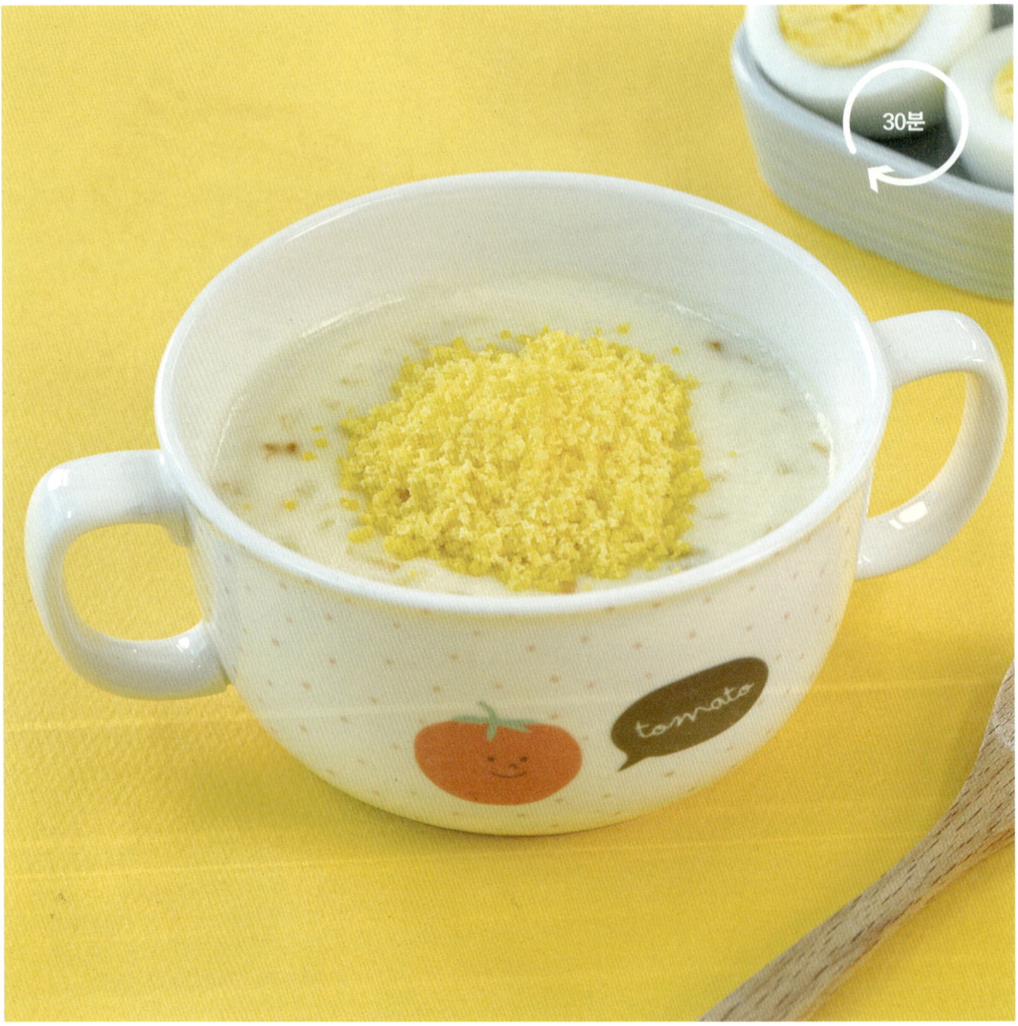

양파는 중기 이후부터 사용할 수 있어요. 칼슘이 많아 성장에 도움이 되고
감기 및 염증 완화에도 좋습니다. 달걀은 완숙으로 삶아 노른자를 분리해 사용하세요.
노른자를 갈아 스프 위에 올리면 예쁜 색감에 아기가 좋아할 거예요.

재료

- 달걀 1개
- 양파 1/4개
- 우유 1종이컵
- 밀가루 1숟가락
- 올리브유 1 숟가락
- 무염버터 1/2숟가락

냄비에 물을 넣고 달걀을 넣어 완숙으로 삶아요.

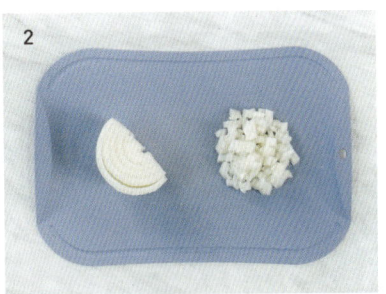

양파는 5mm 크기로 다져 준비해요.

삶은 달걀은 노른자를 분리하고 체를 이용해 곱게 갈아요.

예열된 팬에 올리브유를 두르고 다진 양파를 넣어 볶아요.

버터를 넣어 버터가 녹을 때까지 볶다가 밀가루를 넣고 볶아요.

밀가루가 살짝 색이 변하면 우유를 넣고 저어가며 끓여요..

그릇에 담고 갈아놓은 달걀 노른자를 올려 완성해요.

리코타치즈

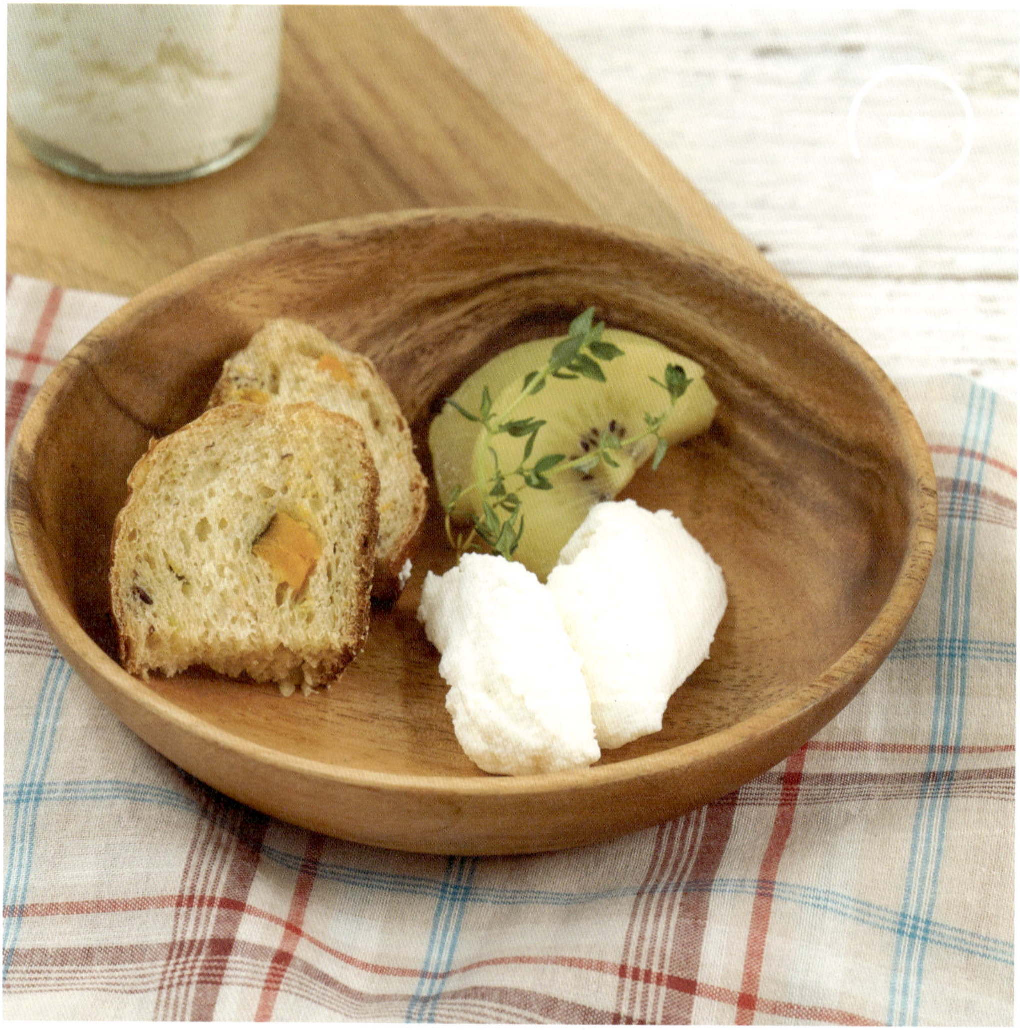

리코타치즈는 짜지 않고 고소해서 아기 이유식이나 간식으로 좋답니다.
수분을 얼마나 빼냐에 따라 다양한 식감을 줄 수 있어요.
빵이나 구운 과일과 함께 주면 더욱 흥미로운 음식이 되지요.

재료

- 우유 1000㎖
- 생크림 500㎖
- 레몬즙 1/4종이컵
- 소금 1/2작은술

냄비에 우유와 생크림을 넣고 센 불에 끓여요.

끓어오르면 약불로 줄이고 레몬즙과 소금을 3번에 나누어 넣어요.
Tip - 한꺼번에 넣으면 응고가 잘 안 되니 나눠 넣어요.

약불에서 10분 이상 끓여요.

한 김 식혀 고운 면보에 걸러요.

면보로 감싼 후 무거운 것을 올리고 1시간 이상 냉장고에 넣어 물기를 제거하여 완성해요.

Tip - 생크림은 아이에게 부담될 수 있으므로 조금씩 주세요.

아기 식사 일기

월   일   요일

	이유식	간식
식단		
처음 먹는 재료		
메모		

월   일   요일

	이유식	간식
식단		
처음 먹는 재료		
메모		

월   일   요일

	이유식	간식
식단		
처음 먹는 재료		
메모		

| 월 | 일 | 요일 |

	이유식	간식
식단		
처음 먹는 재료		
메모		

| 월 | 일 | 요일 |

	이유식	간식
식단		
처음 먹는 재료		
메모		

| 월 | 일 | 요일 |

	이유식	간식
식단		
처음 먹는 재료		
메모		

	이유식	간식
월 일 요일		
식단		
처음 먹는 재료		
메모		

	이유식	간식
월 일 요일		
식단		
처음 먹는 재료		
메모		

	이유식	간식
월 일 요일		
식단		
처음 먹는 재료		
메모		

| 월 | 일 | 요일 |

	이유식	간식
식단		
처음 먹는 재료		
메모		

| 월 | 일 | 요일 |

	이유식	간식
식단		
처음 먹는 재료		
메모		

| 월 | 일 | 요일 |

	이유식	간식
식단		
처음 먹는 재료		
메모		

월　　일　　요일		
	이유식	간식
식단		
처음 먹는 재료		
메모		

월　　일　　요일		
	이유식	간식
식단		
처음 먹는 재료		
메모		

월　　일　　요일		
	이유식	간식
식단		
처음 먹는 재료		
메모		

월 일 요일		
	이유식	간식
식단		
처음 먹는 재료		
메모		

월 일 요일		
	이유식	간식
식단		
처음 먹는 재료		
메모		

월 일 요일		
	이유식	간식
식단		
처음 먹는 재료		
메모		

월 　 일 　 요일		
	이유식	간식
식단		
처음 먹는 재료		
메모		

월 　 일 　 요일		
	이유식	간식
식단		
처음 먹는 재료		
메모		

월 　 일 　 요일		
	이유식	간식
식단		
처음 먹는 재료		
메모